**26 poetas hoje**
[1976]

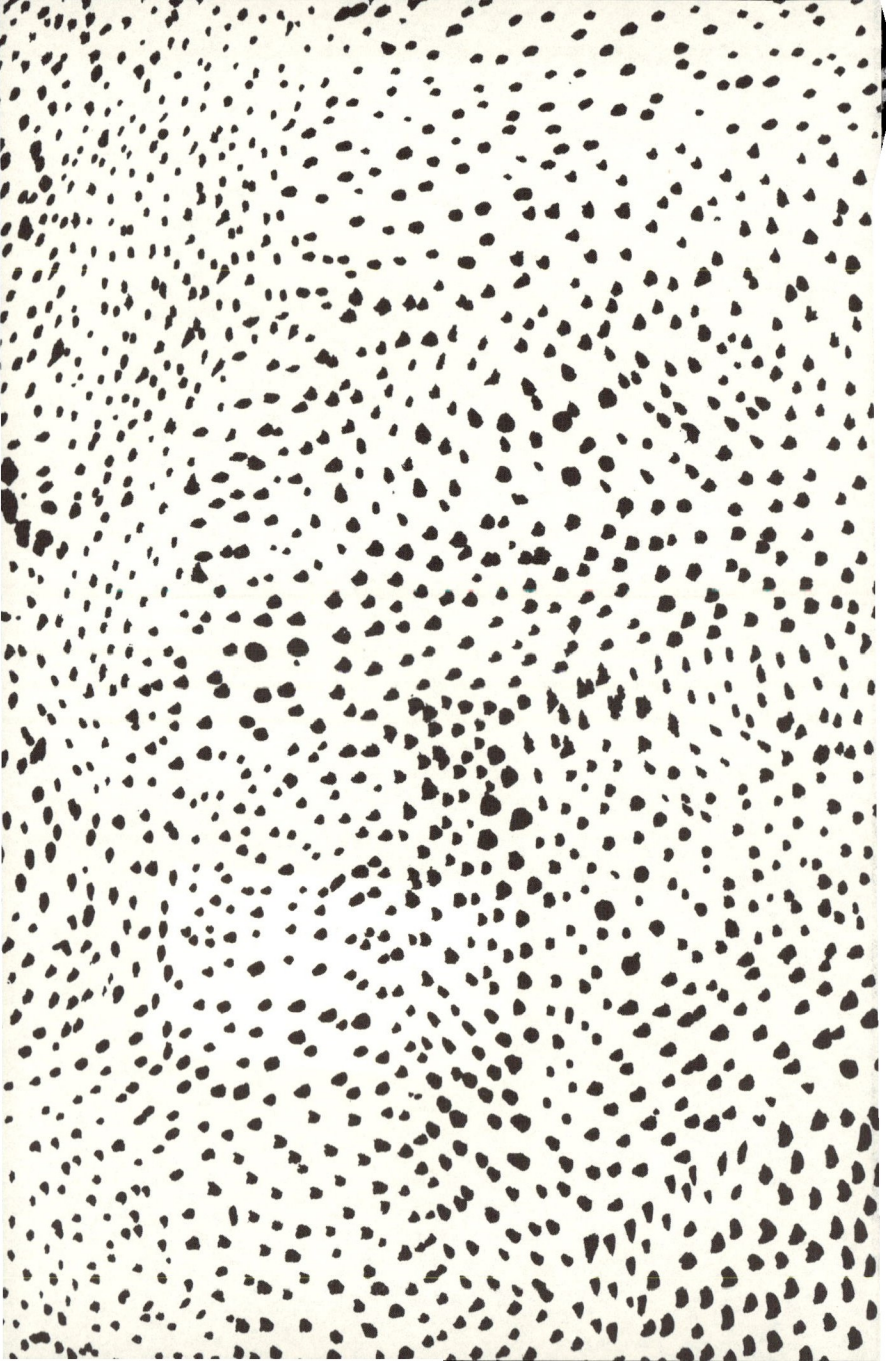

**poesia de bolso**

organização
**heloisa
buarque
de hollanda**

**26
poetas
hoje**

ANTOLOGIA [1976]

COMPANHIA DAS LETRAS

Copyright © 1976 by poetas participantes da antologia ou herdeiros

*Grafia atualizada segundo o Acordo Ortográfico da Língua Portuguesa de 1990, que entrou em vigor no Brasil em 2009.*

*Capa e projeto gráfico*
Elisa von Randow

*Preparação*
Angélica Andrade

*Revisão*
Marina Nogueira
Carmen T. S. Costa

*Todos os esforços foram feitos para contatar os detentores dos direitos autorais desta obra. A editora agradece qualquer informação relativa aos titulares.*

Dados Internacionais de Catalogação na Publicação (CIP)
(Câmara Brasileira do Livro, SP, Brasil)

---

26 poetas hoje : antologia / organização Heloisa Buarque
de Hollanda. — 1ª ed. — São Paulo : Companhia
das Letras, 2021.

Vários autores.
ISBN 978-65-5921-007-7

1. Poesia 2. Poesia – Coletâneas – Literatura brasileira I. Hollanda, Heloisa Buarque de.

20-51723                                                      CDD-869.108

---

Índice para catálogo sistemático:
1. Poesia : Antologia : Literatura brasileira 869.108

Cibele Maria Dias – Bibliotecária – CRB-8/9427

*1ª reimpressão*

Todos os direitos desta edição reservados à
EDITORA SCHWARCZ S.A.
Rua Bandeira Paulista, 702, cj. 32
04532-002 — São Paulo — SP
Telefone: (11) 3707-3500
www.companhiadasletras.com.br
www.blogdacompanhia.com.br
facebook.com/companhiadasletras
instagram.com/companhiadasletras
twitter.com/cialetras

## sumário

isso foi ontem.................................................. 11
apresentação à segunda edição (1998)......... 19
apresentação à primeira edição (1976)......... 26

francisco alvim............................................. 33
zuca sardan................................................. 42
cacaso........................................................ 54
roberto piva................................................ 62
torquato neto.............................................. 73
josé carlos capinan..................................... 82
roberto schwarz.......................................... 97
zulmira ribeiro tavares.................................104
afonso henriques neto................................119
vera pedrosa..............................................128
antonio carlos secchin................................136
flávio aguiar...............................................142
ana cristina cesar.......................................147
geraldo carneiro.........................................155
joão carlos pádua......................................163
luis olavo fontes.........................................172
eudoro augusto..........................................179
waly sailormoon.........................................186
ricardo g. ramos........................................192

leomar fróes.............................................205
isabel câmara..........................................214
chacal.....................................................222
charles....................................................232
bernardo vilhena......................................238
leila míccolis...........................................243
adauto de souza santos............................248

**os autores**..............................................256

*para juju e adri — tão filhas —,
o ponto exato de onde parti*

*Modéstia à parte*

*Exagerado em matéria de ironia e em
Matéria de matéria moderado*

CACASO

## isso foi ontem

Isso foi em 1976. Há 45 anos. Mas não parece. Lembro com muita nitidez de uma quantidade enorme de folhetos e manuscritos espalhados sobre a minha cama e eu tentando dar uma unidade impossível àquela proliferação de universos, ritmos, pontuações. Foi difícil. Havia uma coloquialidade renitente, um desejo explícito de diminuir a distância entre a arte e a vida e alguma coisa que soava política que talvez pudessem ser usados como critério. Fui nessa. Em meio a erros e acertos, o movimento (ou seria uma tendência?) estava batizado: poesia marginal. Foi o primeiro de muitos problemas que tive. Só que esse foi injusto. Tive o cuidado de não nomear essa poesia porque sabia que a ideia de marginal seria polêmica até entre os próprios poetas que compunham a antologia. O título *26 poetas hoje*, sem nenhuma menção à palavra marginal, não foi ingênuo. Assim mesmo, entrei para a história por ter organizado a antologia que lançou a poesia *marginal*. A implicância foi tal que mereci, do meu amigo Chacal, uma indireta num poema em *Quampérius* (1977), que, além da ironia com a definição de marginal, retrata de forma impecável a dicção e o talento do poeta:

[...]
*— alô, é quampa?*
*— é ele mesmo. quem tá falando?*
*— é o foca mota da pesquisa do jota brasil. gostaria de saber suas impressões sobre essa tal de poesia marginal.*
*— ahhh... a poesia. a poesia é magistral. mas marginal pra mim é novidade. você que é bem informado, mi diga: a poesia*

*matou alguém, andou roubando, aplicou algum cheque frio, jogou alguma bomba no senado?*
— *que eu saiba não. mas eu acho que é em relação ao conteúdo.*
— *mas isso não é novidade. desd'adão... ou você acha que alguém perde o paraíso e fica calado. nem o antônio.*
— *é verdade. mas deve haver algum motivo pra todos chamarem essa poesia de marginal.*
— *qual, essa!? eu tou achando até bem-comportada. sem palavrão, sem política, sem atentado à moral cristantã.*
— *não. não tô falando dessa que se lê aqui. tô falando dessa outra que virou moda.*
— *ahhh... dessa eu não tou sabendo. ando meio barro-bosta* [...]

(Fato sigiloso: "foca mota" é Nelsinho Motta, na época jornalista do *Jornal do Brasil* e conhecido por ser o funcionário mais bem informado de lá.)

Um detalhe mais ou menos desconhecido dessa história foi como este livrinho nasceu. Por volta de 1974-5, eu estava particularmente interessada na capacidade de resposta e resistência das expressões contraculturais no contexto de censura e repressão da ditadura pós-AI-5.[1] Eram tempos de prisões e exílios — forçados ou voluntários —, que levaram embora os protagonistas das artes, da mídia e da Academia, tempos que o mestre Zuenir Ventura batizou como o "vazio cultural", expressão que se tornou consenso entre os críticos de cultura.

Minha vocação como pesquisadora sempre teve como objeto as microtendências e seu cruzamento com a política no cam-

---

[1] O Ato Institucional nº 5, conhecido como AI-5, foi o mais duro de todos os Atos Institucionais emitidos pelo governo militar pós-1964. Deu ao presidente poder para fechar o Congresso Nacional e as Assembleias Legislativas, o que foi feito assim que o ato foi assinado. Instituiu a censura prévia, que ocupou as redações dos jornais e as televisões. [N. A.]

po da cultura. Portanto, naquele momento, a poesia marginal caiu como uma luva. Primeiro porque, para uma jovem que aderiu com fé inabalável aos movimentos estudantis, aos Centros Populares de Cultura (CPCs) e à rebeldia insurgente da cultura dos anos 1960, a ideia de um vazio cultural era intolerável. Segundo porque, como tendência literária, os contornos dessa forma de expressão poética ainda estavam nebulosos, não identificados substantivamente — sobretudo, não reconhecidos —, e ofereceriam um objeto de pesquisa impecável para minha *vibe* acadêmica.

Além disso, reforçando sua relevância, naquela hora a contracultura se apresentava como uma brecha política para a estratégia de abrir espaços, ainda que pontuais, para a livre expressão da cultura. Nesse campo, a poesia parecia estar dando um passo importante, produzindo, talvez, a única forma de memória possível da geração do sufoco (ou "geração AI-5", como era chamada). A ideia de que poderíamos de alguma forma enfrentar o vazio cultural ditado pela censura me atraiu de maneira irresistível.

Enfim, a poesia sempre foi minha paixão, talvez um vício. Meu empenho na pesquisa sobre a poesia emergente era totalmente previsível. Comecei a colecionar aqueles livrinhos, envelopes e caixinhas, mimeografados ou em ofsete, produzidos artesanalmente com um design muitas vezes excepcional e, invariavelmente, dotados de uma clara pegada antissistema. Textos leves, que se queriam descartáveis, ou seja, lidos e esquecidos, desacatando a "imortalidade" da grande literatura. Eram também textos que traduziam um cotidiano próximo à experiência social dos poetas e se faziam notar pelo alto grau de oralidade, comunicabilidade, humor e ironia. Da mesma forma como o tratamento gráfico dessas publicações explicitava sua posição contra o mercado editorial, os poemas se mostravam (ou desejavam se mostrar) antiliterários, ou seja, contra a literatura abrigada em torre de marfim, mais um sistema institucional a ser enfrentado. Comecei a colecionar, pesquisar e frequentar esses ambientes de poesia.

No final de 1975, a editora espanhola Labor me procurou para fazer uma antologia com os poetas já então identificados como "marginais", para lançar na inauguração da sua nova filial no Brasil. Bastante estratégica, a escolha da Labor incluiu duas publicações: uma antologia de poesia marginal, lançamento fatalmente polêmico, com boa chance midiática, e o romance *O fundador*, de Nélida Piñon, que garantiria a respeitabilidade da editora no mercado brasileiro.

Já familiarizada com a novíssima poesia e seus poetas, comecei a seleção, que não foi fácil. Havia muito barulho acerca dos eventos de poesia. Entre eles, a Expoesia, na PUC-Rio, que, em 1973, reuniu poetas da geração de 1945, do concretismo, da práxis e de tantos outros movimentos para falar sobre o assunto e que foi um tremendo sucesso, mas, apesar disso, mostrava um perfil muito eclético, indefinido em termos de novidades. Ainda que eventos sobre poesia começassem a chamar atenção, eram poucos os poetas que traziam algum diferencial para a cena literária.

Meus amigos Clara Alvim, Chico Alvim e Cacaso saíram à luta para me ajudar. Eu me lembro bem, por exemplo, de Clara, num daqueles debates históricos do Teatro Casa Grande, me passando um envelope branco, amassado, com textos de uma aluna sua que, segundo ela, escrevia muito bem. Tratava-se de Ana Cristina Cesar. Logo depois, alguém, que agora não lembro, me encaminhou um livrinho de capa preta e branca, com um título estranho: *Me segura qu'eu vou dar um troço*, assinado por um nome também estranho, Waly Sailormoon. Tentei não levar a sério, mas, por via das dúvidas, abri e li. O livro pequeninho era, na realidade, gigante. Parei tudo e fui descobrir onde estaria esse poeta, que se via como marinheiro da lua. Não foi simples. Ora diziam que ele estava morando em Nova York e que seu contato era Hélio Oiticica, ora diziam que ele já estava de volta, no Pará. Pois fui encontrar o marinheiro em Itapuã, na época uma bela e precária aldeia de pescadores cujo contato com o mundo se dava através do PS1, o único posto telefônico. Foram várias as tentativas: a linha caía, a telefonista perdia meu autor de vista, o posto encerrava suas atividades na exata hora em que eu ligava. Foram muitos os recados deixados naquele PS1. Enfim, recebi um telefonema com uma voz que ecoava sobre ela mesma, de alguém que dizia se chamar Waly Salomão. Fomos amigos inseparáveis até sua morte insuportavelmente precoce. Saudade do Waly, saudade daquela voz, daquela risada só dele.

Mais e mais envelopes chegavam — páginas de mimeógrafo, poemas, poemas, poemas. Entre eles, um envelope pardo me chamou particularmente a atenção. Trazia, em tinta vermelha, uma marca de carimbo em que se lia: *O preço da passagem* e o nome, Chacal, que eu não sabia que estava nascendo ali. Curiosa, pesquisei sobre o porquê do título do livro. Quando localizado, Chacal me esclareceu que muitos de seus amigos, inclusive Guilherme Mandaro — outro dos poetas da antologia —, estavam na revoada de artistas e intelectuais que deixavam o país para um exílio voluntário em Londres. Chacal, então sem recursos para comprar uma passagem internacional, teve a ideia razoavelmente delirante de escrever um livro e, com sua venda, partir para lá. É claro que o plano não saiu como o esperado, mas o envelope, recheado de poemas rodados num mimeógrafo eletrônico, se tornou um documento histórico. No encontro em que o poeta me contou essa história, ganhei outro livrinho chamado *Muito prazer,* (com a vírgula), com o nome do autor embaixo, que ainda assinava Ricardo. Era a sua primeira publicação, mimeografada, de 1971, que havia feito muito sucesso e merecido uma crítica importante de Waly e Hélio Oiticica na coluna "Geleia geral", de Torquato Neto, príncipe da nossa contracultura.

Meus critérios iniciais foram ficando embaçados. Alguns poetas estavam nas Artimanhas — como eram chamadas as performances poéticas organizadas pelos participantes da Nuvem Cigana —, e outros que se aproximaram do grupo foram inseridos de imediato. Os demais poetas incluídos traziam em seus textos uma ou mais das características das que eu havia definido inicialmente como poesia marginal. Foi difícil reunir 26 poetas nesse diapasão. A poesia jovem, mesmo aquela que pretendia juntar a arte com a vida, uma das bandeiras do momento, era bem mais plural do que eu havia imaginado.

O livro ficou pronto e, junto com *O fundador*, da Nélida, foi lançado num elegantíssimo coquetel para autores, editores e livreiros, no Clube Paissandu. Um evento bem diferente da festa idealizada pelos meus poetas. Por isso fizemos o segundo lançamento dos *26*. Dessa vez, nos vimos num Parque Lage lotado de poetas, roqueiros, artistas e afins. No praticável montado na véspera, se sucediam poetas performáticos lendo poemas abaixo de aplausos veementes. Foi um evento e tanto, registrado em super-8 pelo artista plástico Luiz Alphonsus de Guimaraens. Mas a antologia era festeira e partiu para seu terceiro lançamento, na livraria Muro, bem pequena, num subsolo de uma galeria na praça General Osório. Seu proprietário era um livreiro jovem, bem mineiro, chamado Rui Campos, hoje dono das tantas Livrarias da Travessa, grandes mas iguaizinhas à Muro. Lá tivemos outro evento de leitura e assinatura de livros, lotado, que se alongou até a madrugada, bloqueando as calçadas próximas à livraria. O cartaz do evento ia direto ao ponto: PROCURA-SE POESIA, com uma clara referência a cartazes policiais.

A gente pensa que a vida pública de um livro e, muitas vezes, de um autor começa no dia de seu lançamento. Se assim fosse, tudo levaria a crer que os nossos 26 eram um sucesso e uma unanimidade. Pois não foi. Se a turma do rock e da cultura independente elegia o *26* como livro de cabeceira, a academia, o jornalismo mais conservador e os poetas mais reconhecidos receberam o lançamento como uma peça de "não literatura". Ou os poemas eram classificados como banais e inconsistentes, longe do que merecia ser chamado poesia, ou seja, fora da métrica do valor literário, ou eram reconhecidos em seu valor sociológico, o que para mim soou interessantíssimo. Eu sabia que o sentido irônico da classificação considerava aquela poesia simplesmente um pequeno registro social de uma época autoritária. Comecei a refletir sobre o que seria "sociológico" para a crítica literária e sobre o uso pejorativo que estavam fazendo da sociologia como fator desqualificante de uma expressão poética — como se a sociologia não tivesse ferramentas que respeitassem as especificidades literárias e artísticas. Se é verdade que a literatura é a mais elitista das artes, a crítica literária provou que não fica atrás. Foi aí que comecei a pensar, obsessivamente, sobre o que seria, plagiando Derrida, essa "estranha instituição chamada literatura". Uma questão que atravessou meus sessenta longos anos de pesquisa literária, cultural e ativista.

A repercussão negativa e/ou a curiosidade sobre o "fenômeno marginal" foram longe. Chegaram até os poetas concretos, que eu tanto admirava, que declararam publicamente que a criação da ideia de uma poesia marginal era na realidade um desacato meu às vanguardas. Eram ruídos por todos os lados. Dei um sem-número de palestras, entrevistas e me vi, atônita, no meio de uma sessão lotada da Sociedade Brasileira para o Progresso da Ciência, explicando e explicando de novo, além de ouvir longas e severas críticas ao meu trabalho. Para alguma coisa o incômodo que os marginais provocavam deveria servir, pensava eu; afinal, a sala de um prestigiado congresso científico internacional estava lotada...

Desse emaranhado crítico, seleciono um episódio de que

me lembro bem, e sempre com prazer. Na época, a revista *Fatos e Fotos* tinha uma sessão literária, em que um importante e reconhecido professor de literatura escreveu uma crítica feroz aos 26, enfatizando um aspecto sujo, de baixo calão, encontrado em vários poemas ali incluídos. Procurada pelo periódico para responder ao professor, aproveitei a grande quantidade de imagens que a revista comportava e montei uma cena. Chamei Charles Peixoto, um dos "poetas sujos", e, enquanto ele era fotografado lavando no tanque os livrinhos, eu, ao seu lado, numa tábua de passar roupa, engomava os poemas com a pergunta: "E agora, Professor?".

Ainda bem que isso foi há muito tempo, quando eu era jovem e meu humor estava no seu melhor estilo. Hoje, talvez, eu tivesse me envolvido um pouco mais nesses confrontos e não tivesse a perspectiva de tempo-vida que tinha na época para definir os caminhos de minha trajetória profissional até hoje, quase que totalmente voltada para pesquisas sistemáticas sobre a injustiça epistêmica e as estruturas institucionais colonizadas e fechadas a qualquer interpelação estética, política ou existencial.

É senso comum que o tempo dá jeito em tudo. E deu. A antologia entrou definitivamente para o cânone literário, está presente nas leituras obrigatórias para os concursos de vestibular, e a editora Companhia das Letras lança esta nova edição, referência para outro livrinho — esperemos, tão polêmico quanto este — com a explosiva poesia feminista de hoje em dia, publicação também da casa, sob o comando inspirador de Alice Sant'Anna, amiga, editora e poeta. O título é óbvio. *As 29 poetas hoje.*

*Heloisa Buarque de Hollanda*
Rio de Janeiro, novembro de 2020

## apresentação à segunda edição (1998)*

Esta antologia é certamente datada. Nesta segunda edição, 22 anos depois, procurei evitar qualquer alteração em sua forma original, atendo-me apenas à atualização biobibliográfica das notas finais sobre os autores nela reunidos.

Esse movimento quase instintivo de "tombar" a atmosfera política e cultural daquele momento no qual este trabalho foi realizado coloca também como pouco atraente a ideia de escrever uma nova introdução. Preferi registrar um pouco da história e do contexto de realização deste trabalho.

Estávamos no início da década de 1970, um período no qual as universidades, o jornalismo e a produção cultural, à imagem e semelhança do Congresso, entraram em recesso por tempo indeterminado. Da euforia nas artes e nas manifestações políticas, passou-se à disforia que meu amigo Zuenir Ventura, num certeiro e memorável balanço da década, definiu como o "vazio cultural". Mas não é essa a história que me cabe contar neste momento.

O que interessa é que, por volta de 1972-3, surgiu, assim como se fosse do nada, um inesperado número de poetas e poesia tomando de assalto nossa cena cultural, especialmente aquela frequentada pelo consumidor jovem de cultura cujo perfil, até então, vinha sendo definido pelo gosto na música, no cinema, nos shows e nos cartoons. Esse surto poético, que a cada dia ganhava mais espaço, só podia, portanto, ser visto como uma grande novidade. Além disso, nos anos 1960, marcados pela intensi-

---

* Versão modificada de "Observações: críticas ou nostálgicas?", em *Poesia sempre* (Rio de Janeiro: Fundação Biblioteca Nacional, ano 5, n. 8, 1997).

dade da vida cultural e política no país, a produção literária, ainda que fecunda, ficara um pouco eclipsada pela força e originalidade dos movimentos artísticos de caráter mais público como o cinema, o teatro, a MPB e as artes plásticas. Tínhamos, portanto, uma dupla novidade: a literatura conquistava um público em geral avesso à leitura e conseguia recuperar seu interesse como produto original e mobilizador na área da cultura.

Atraída por essa ostensiva presença da poesia, comecei a me interessar por esse fenômeno que, na época, foi batizado com o nome "poesia marginal", sob protestos de uns e aplausos de outros.

Além de fenômeno quantitativamente intrigante, o exame dessa produção sinalizava outros traços curiosos e paradoxais. Era uma poesia que aparentava ser light e bem-humorada, mas cujo tema principal era grave: o éthos de uma geração traumatizada pelos limites impostos a sua experiência social e pelo cerceamento de suas possibilidades de expressão e informação através da censura e do estado de exceção institucional no qual o país se encontrava. Ao mesmo tempo, era uma poesia "não literária", mas bastante preocupada com a própria ideia canônica de poesia. Preocupação que se autodenunciava através de uma insistência sintomática em "brincar" com as noções vigentes de qualidade literária, da densidade hermenêutica do texto poético, da exigência de um leitor qualificado para a justa e plena fruição do poema e seus subtextos.

Além disso, mostrava-se como uma poesia descartável, biodegradável, que parecia minimizar a questão de sua permanência ou até mesmo de sua inserção na tradição literária, mas que desenvolvia, com grande empenho, tecnologias artesanais e mercadológicas surpreendentes para a produção, divulgação e venda de seu produto.

Decidi fazer da poesia marginal meu objeto de pesquisa. Mapeava os núcleos produtores, acompanhava os eventos e lançamentos, recolhia e analisava os livrinhos, os poemas & seus poetas. De repente, meu próprio cotidiano afetivo foi permeado pela presença dos marginais, com os quais, em sua maioria, convivi, desenvolvi trabalhos conjuntos, fiz amizades, cumplicidades e atravessei aqueles "negros verdes anos", como, mais tarde, escreveria Cacaso.

Deve ter sido por isso que fui procurada por um dos diretores da Labor, recém-chegado ao Brasil, que andava buscando uma novidade para editar como o primeiro lançamento da filial brasileira da conhecida editora espanhola. Juan me sugeriu que organizasse uma antologia com a poesia *"de los hijos de la dictadura"*. Ainda que eu tenha achado, num primeiro momento, uma proposta um tanto institucional para aqueles que exatamente estavam recusando, com êxito, os canais tradicionais das editoras comerciais, fiquei mordida pelo impacto que a publicação poderia produzir no debate cultural meio morno daquele momento. Aceitei o convite.

Portanto, a ideia desta hoje clássica antologia infelizmente não foi minha, mas de um comerciante estrangeiro que viu, naquela poesia rápida e rasteira, um potencial polêmico nada desprezível para uma editora que se lançava num mercado desconhecido.

Chamei Chico Alvim e Cacaso como consultores ad hoc para a seleção daquele vastíssimo material que me inundava gavetas, arquivos e tapetes. Tudo certo, chegou a hora que eu mais temia: a decisão dos critérios de escolha, ou seja, de inclusão/ exclusão de nomes e textos na publicação. Foi nesse momento que percebi a arbitrariedade da organização de uma antologia, o que, até então, pensava ser uma atividade simples, lógica e quase burocrática.

Em primeiríssimo lugar, conhecendo o material como eu conhecia, também sabia que um de seus maiores trunfos era certo ecletismo, uma recusa em se deixar identificar claramente como um "movimento" ou uma "tendência", uma recusa até mesmo de explicitar qualquer projeto estético, comportamental, social. O material de que eu dispunha era vastíssimo. Qual seria o denominador comum que poderia me ditar os contornos do inevitável *critério* que iria orientar a organização do trabalho que eu tinha pela frente? Sentia-me como se estivesse diante do velho teste de Rorschach. O que Roberto Schwarz teria a ver com Chacal? Zulmira Tavares com Torquato Neto? O que Antonio Carlos Secchin teria a ver com Leila Míccolis? Em vez de responder livremente à provocação do teste que se me apresentava pela frente, procurei, medrosa, reaver alguns parâmetros críticos e teóricos que já tinha no bolso. Argumentei então que, do ponto de vista da linguagem, essa poesia seria uma alternativa à hegemonia das vanguardas, da tradição cabralina bastante influente naquele momento, e que parecia representar uma retomada do modernismo de 1922. Afirmava isso tomando por base o uso do humor, a invasão dos fatos insólitos e cotidianos no território literário, a presença de uma dicção trabalhadamente informal no olimpo poético, o desejo renitente de aproximar, com um só golpe de linguagem, arte e vida. Fazia certo sentido. Estávamos ainda em plena era dos formalismos experimentais. O próprio tropicalismo, movimento anárquico, "popular" e agressivo que já anunciava, portanto, um rompimento com a noção de cultura "culta", foi procurar sua legitimação artística através da vanguarda concretista de São Paulo. Por aí, avessa ao enquadramento formal e valorizando abertamente a distensão coloquial, a poesia marginal na realidade apresentava certo parentesco — talvez menos estético do que de intenções — com nosso movimento modernista. Parecia que eu tinha descoberto meu álibi. Chico e Cacaso aplaudiram o achado. Hoje, vejo que, nesse desvio nobre, perdi meus melhores argumentos.

O que realmente me atraiu nesse material não foi a unidade que eu dizia procurar ao defini-lo para justificar o conjunto dos participantes da antologia, mas, muito pelo contrário, o claro direito ao dissenso que este material começava a reivindicar em nossa produção cultural. A variedade de estilos, projetos e crenças que encontrei nesta última releitura dos 26 me encantou. É bem verdade que, na organização deste conjunto, não desgrudei o olho de sua representatividade como registro político naquele momento de extremado rigor da censura. Um exame atual deste material vai ler, com muita facilidade, em cada poema-piada, em cada rima, em cada "ouvido ao acaso", um elo da experiência social da geração AI-5, uma geração cujo traço distintivo foi exatamente o de ser coibida de narrar sua própria história. Cacaso na época dizia: "Isto não é um movimento literário. É um *poemão*. É como se todos estivéssemos escrevendo o mesmo poema a 1000 mãos". Portanto o que, na realidade, unia aquele sem-número de poetas & poemas era uma aguda sensibilidade para referir — com maior ou menor lucidez, com maior ou menor destreza literária — o dia a dia do momento político que viviam. Talvez por isso recusassem, tão acidamente, a qualificação "marginal", que terminou oficializando sua entrada na literatura.

Com o tempo a gente se esquece do que foi a convivência com um estado de exceção. Mas, ao reler agora a introdução que escrevi na época, o que mais me chamou a atenção foi a total ausência de qualquer menção minha ao quadro histórico que contextualiza esta poesia. Fui, nesse sentido, o maior exemplo do exercício pleno e "natural" da autocensura que me levou a omitir, nada mais, nada menos, do que o objetivo central da pesquisa que desenvolvi durante oito anos sobre os subtextos políticos e os desafios interpretativos da aparentemente ingênua e descompromissada poesia marginal.

É interessante lembrar ainda que a antologia não teve uma recepção pacífica. Um pouco, todos se irritaram: imprensa, professores, críticos, poetas. A academia repetia, com uma insistência inexplicável, que "aquilo não era poesia, era um material de interesse apenas *sociológico*". Hoje, mais distante do calor daquela hora, me pergunto: o que estaria sendo entendido (dito) ali como "sociológico"? Qual seria a cotação da sociologia em relação à teoria literária, à história e à antropologia na bolsa de valores da crítica dos anos 1970? Havia ainda alguns poetas e professores, conhecidos como progressistas, que escreveram acalorados artigos comentando a inadequação do baixo calão do vocabulário usado por aquela poesia. O advento dos marginais conseguiu até acirrar a paroquial disputa Rio-São Paulo, provocando afirmações que denunciavam, na proliferação bem-sucedida dos livrinhos de poesia alternativa — pasmem! —, uma manobra da crítica carioca contra o concretismo paulistano. Havia ainda estudiosos de impostação aparentemente marxista que procuraram definir a falta de qualidade dessa produção literária como um reflexo da "piora" da própria sociedade, agora inexoravelmente controlada por impulsos consumistas.

Ou seja, essa poesia "ruim", "suja" e "sem qualidade" ocupou um espaço para mim totalmente inesperado na imprensa e nos debates acadêmicos da época de seu lançamento na antologia *26 poetas hoje*. Isso parece demonstrar que talvez essa poesia ruim estivesse tocando em necessários pontos obscuros do debate literário, ainda em mãos ortodoxamente modernistas. Talvez arranhasse, mesmo de forma incipiente e desorganizada, pontos nevrálgicos que já configuravam as grandes quebras que viriam marcar a inflexão cultural das décadas seguintes. Não diria que a poesia marginal, mesmo sinalizando mudanças paradigmáticas e declarando-se plural, já anunciava uma inflexão pós-moderna. Seria bobagem. Não encontro traços definidos da arquitetura de citações e do pensamento minimalista pós-moderno; não vejo o gosto da erudição associando-se aos gêneros populares; não vejo a encenação agressiva da violência ou da sexualidade; não vejo o narrador outsider privilegiando a dimensão espacial à temporal; não vejo, sobretudo, a razão cínica comprimindo o futuro no presente. Seria também irresponsável de minha parte repetir a façanha de defini-la como uma reapropriação do modernismo, como fiz na introdução da antologia, revisitando-a hoje como um antecedente do pós-moderno. Além do que, nesses vinte anos que nos separam de seu lançamento, aprendemos a temer os riscos e as traições com os quais a própria ideia de periodização pode nos surpreender.

Prefiro pensar nos *26 poetas* como um trabalho irrecusável, visceralmente contextualizado, feito a várias mãos, construindo um cluster político-literário que, seguramente, ainda não disse tudo o que veio naqueles idos de 1976.

*Heloisa Buarque de Hollanda*
Rio de Janeiro, novembro de 1998

## apresentação à primeira edição (1976)

Curiosamente, hoje, o artigo do dia é poesia. Nos bares da moda, nas portas de teatros, nos lançamentos, livrinhos circulam e se esgotam com rapidez. Alguns são mimeografados, outros, em ofsete, mostram um trabalho gráfico sabido e diferenciado do que se vê no design industrializado das editoras comerciais. Mesas-redondas e artigos de imprensa discutem o acontecimento. O assunto começa — ainda que com alguma resistência — a ser ventilado nas universidades. Trata-se de um movimento literário ou de mais uma moda? E se for moda, foi a poesia que entrou na moda ou foram os poetas? O fato é que a poesia circula, o número de poetas aumenta dia a dia e as segundas edições já não são raras.

Frente ao bloqueio sistemático das editoras, um circuito paralelo de produção e distribuição independente vai se formando e conquistando um público jovem que não se confunde com o antigo leitor de poesia. Planejadas ou realizadas em colaboração direta com o autor, as edições apresentam uma face charmosa, afetiva e, portanto, particularmente funcional. Por outro lado, a participação do autor nas diversas etapas da produção e distribuição do livro determina, sem dúvida, um produto gráfico integrado, de imagem pessoalizada, o que sugere e ativa uma situação mais próxima do diálogo do que a oferecida comumente na relação de compra e venda, tal como se realiza no âmbito editorial. A esse propósito, convém lembrar a tão frequente presença do autor no ato da venda, o que de certa forma recupera para a literatura o sentido de relação humana. A presença de uma linguagem informal, à primeira vista fácil, leve e engraçada e que fala da experiência vivida, contribui ainda para encurtar a distância que separa o poeta e o leitor. Este, por sua vez, não se sente mais oprimido pela obrigação de ser um entendido para se aproximar da poesia.

A desierarquização do espaço nobre da poesia — tanto em seus aspectos materiais gráficos quanto no plano do discurso — faz lembrar a entrada em cena, nos idos de 1960, de um gênero de música que, fazendo apelo tanto ao gosto culto quanto ao popular, conquistou a juventude universitária e ganhou seu lugar no quadro cultural. Foi a época dos Festivais da Canção e do tropicalismo, do aparecimento de Caetano, Gil e Chico. Assim também, há uma poesia que desce agora da torre do prestígio literário e aparece com uma atuação que, restabelecendo o elo entre poesia e vida, restabelece o nexo entre poesia e público. Dentro da precariedade de seu alcance, esta poesia chega na rua, opondo-se à política cultural que sempre dificultou o acesso do público ao livro de literatura e ao sistema editorial que barra a veiculação de manifestações não legitimadas pela crítica oficial.

No plano específico da linguagem, a subversão dos padrões literários hoje dominantes é evidente: faz-se clara a recusa tanto da literatura classicizante quanto das correntes experimentais de vanguarda que, ortodoxamente, se impuseram de forma controladora e repressiva no nosso panorama literário.

Num recuo estratégico, os novos poetas voltam-se agora para o modernismo de 1922, cujo desdobramento efetivo ainda não fora suficientemente perseguido. Nesse sentido, merece atenção a retomada da contribuição mais rica do modernismo brasileiro, ou seja, a incorporação poética do coloquial como fator de inovação e ruptura com o discurso nobre acadêmico.

Se em 1922 o coloquial foi radicalizado na forma do poema-piada de efeito satírico, hoje se mostra irônico, ambíguo e com um sentido crítico alegórico mais circunstancial e independente de comprometimentos com um programa preestabelecido. O flash cotidiano e o corriqueiro muitas vezes irrompem no poema quase em estado bruto e parecem predominar sobre a elaboração literária da matéria vivenciada. O sentido da mescla trazida pela assimilação lírica da experiência direta ou da transcrição de sentimentos comuns com frequência traduz um dramático sentimento do mundo. Do mesmo modo, a poetização do relato, das técnicas cinematográficas e jornalísticas resulta em expressiva singularização crítica do real. Se agora a poesia se confunde com a vida, as possibilidades de sua linguagem naturalmente se desdobram e se diversificam na psicografia do absurdo cotidiano, na fragmentação de instantes aparentemente banais, passando pela anotação do momento político. Neste último caso, é interessante observar como a atualização poética de circunstâncias políticas, experimentadas como fator de interferência e limitação da vivência cotidiana, se faz contundente e eficaz, diferenciando-se do exercício da poesia social de tipo missionário e esquemático. A frequência de metáforas de grande abstração convive com a agressão verbal e moral do palavrão e da pornografia. Nesta poesia, observe-se que o uso do baixo calão nem sempre resulta num efeito de choque, mas, na maior parte das vezes, aparece como dialeto cotidiano naturalizado e não raro como desfecho lírico.

A aproximação entre poesia e vida já observada no modo de produção das edições é, pois, tematizada liricamente. O lucro decorrente se representa pelo seu desdobramento em dividendos como a volta da alegria, da força crítica do humor, da informalidade. Ao assumir um teor bastante afetivo, essa poesia se coloca em competição com o que permaneceu aprisionado pela linguagem rígida da tradição clássica.

Como bem observou José Guilherme Merquior, no ensaio "Capinan e a nova lírica", a presença de João Cabral e do classicismo modernista, ainda que sem dúvida constituam o apogeu do modernismo, estimula e sufoca ao mesmo tempo a nova poesia brasileira.

Não que a influência de Cabral, Drummond ou Murilo nela não se faça sentir muitas vezes. Mas a sua feição vivencial determina uma postura que privilegia o pessoal, o afetivo, o que implica, como consequência, o abandono da expressão intelectualizada. Não é por acaso que podemos perceber que ela é episodicamente frequentada por traços bandeirianos e até mesmo românticos. Em especial, a nova poesia se caracteriza pela renovação dos impulsos desclassicizantes do modernismo e pela atualização da recusa ao convencional.

Entretanto, a aparente facilidade de se fazer poesia hoje pode levar a sérios equívocos. Parte significativa da chamada produção marginal já mostra aspectos de diluição e de modismo, em que a problematização séria do cotidiano ou a mescla de estilos perde sua força de elemento transformador e formativo, constituindo-se em mero registro subjetivo, sem maior valor simbólico e, portanto, poético.

Esta mostra de poemas não foi feita sem arbitrariedade. Como a circulação da maior parte das edições é geograficamente limitada e se confina às suas áreas de produção, não escolhi senão entre os trabalhos que estavam ao alcance de meu conhecimento. Assim, a grande maioria dos poetas apresentados é residente ou publicada no Rio de Janeiro.

Além dos limites naturais e geográficos, outras restrições foram feitas. Como princípio, não quis que esta antologia fosse o panorama da produção poética atual, mas a reunião de alguns dos resultados reais significativos de uma poesia que se anuncia já com grande força e que, assim registrada, melhor se oferece a uma reflexão crítica. Portanto, as correntes experimentais, as tendências formalistas e as obras já reconhecidas não encontrariam aqui seu lugar. O que orientou a escolha e identifica o conjunto selecionado foi a já referida recuperação do coloquial numa determinada dicção poética. Entretanto, como o fato é novo e polêmico e a discussão apenas se inicia, achei mais justo não me restringir apenas à chamada poesia marginal, que integra parte substancial da seleção, mas estendê-la a outros poetas que, de forma diferenciada e independente, percorrem o mesmo caminho. É o caso da inclusão de trabalhos como os de Capinan, Zulmira, Secchin e outros, que respondem de modo pessoal e curioso à filiação cabralina ou a fases significativas da evolução modernista.

Nomes como Torquato, e Waly, que, em 1972, publicou *Me segura q'eu vou dar um troço*, mesmo não estando presentes no momento, foram indispensáveis para esta antologia, na medida em que marcam a virada do formalismo experimental para a nova produção poética de caráter informal.

A seleção realizada não apenas registra uma tendência de renovação na poesia de hoje, mas também procura sugerir alguns confrontos entre as várias saídas que ela adotou.

*Heloisa Buarque de Hollanda*
Rio de Janeiro, novembro de 1975

# 26
# poetas
# hoje

ANTOLOGIA [1976]

# francisco alvim

## **muito obrigado**

Ao entrar na sala
cumprimentei-o com três palavras
boa tarde senhor
Sentei-me defronte dele
(como me pediu que fizesse)
Bonita vista
pena que nunca a aviste
Colhendo meu sangue: a agulha
enfiada na ponta do dedo
vai procurar a veia quase no sovaco
Discutir o assunto
fume do meu cigarro
deixa experimentar o seu
(Quanto ganhará este sujeito?)
Blazer, roseta, o país voltando-lhe
no hábito do anel profissional
Afinal, meu velho, são trinta anos
hoje como ontem ao meio-dia
Uma cópia deste documento
que lhe confio em amizade
Sua experiência nos pode ser muito útil
não é incômodo algum
volte quando quiser

## o riso amarelo do medo

Brandindo um espadim
do melhor aço de Toledo
ele irrompeu pela Academia
Cabeças rolam por toda parte
é preciso defender o pão de nossos filhos
respeitar a autoridade
O atualíssimo evangelho dos discursos
diz que um deus nos fez desiguais

## greta

Estou vivendo meus grandes dias
O Império terá sido mesmo
uma fazenda modesta e ordenada mas sem povo
Aqui, penteando este caroço de manga
sobre o mármore da pia da cozinha,
me lembro daquela mangueira ao lado do curral
e de suas mangas-rosa
Para chegar até lá
a gente atravessava antes um pátio de pedras —
entre o curral e a casa —
em cujas gretas um dia
alguém viu desaparecer uma urutu-cruzeiro

## postulando

A primeira providência
é ver se há um cargo
Se tiver, ele há de querer entrevistá-lo
Ao meio-dia o candidato estará aqui
o senhor querendo
ficarei também para recebê-lo
O telegrama dizia por que meu nome não fora aprovado
razões de segurança, denúncia de um amigo
que virou meu inimigo
Foram corretos comigo
deixaram-me ver o telegrama
Não entendi
Dois meses antes me haviam chamado de volta
para responder a inquérito
Saí limpo
Ainda comentaram
passou no exame, meu velho
É bom que você saiba
que tenho de fazer a consulta
Um dia desses por que não saímos?

## revolução

Antes da revolução eu era professor
Com ela veio a demissão da Universidade
Passei a cobrar posições, de mim e dos outros

(meus pais eram marxistas)
Melhorei nisso —
hoje já não me maltrato
nem a ninguém

❧

## almoço

Sim senhor doutor, o que vai ser?
Um filé-mignon, um filezinho, com salada de batatas
Não: salada de tomates
E o que vai beber o meu patrão?
Uma Caxambu

❧

## quem fala

Está de malas prontas?
Aproveite bastante
Leia jornais; não ouça rádio de jeito nenhum
Tudo de bom
Não volte nunca

❧

## aquela tarde

Disseram-me que ele morrera na véspera.
Fora preso, torturado. Morreu no Hospital do Exército.
O enterro seria naquela tarde.

(Um padre escolheu um lugar de tribuno.
Parecia que ia falar. Não falou.
A mãe e a irmã choravam.)

## eu toco pratos

À minha esquerda
violas ondulam um areal imenso
À minha direita
ossos de baleia cavucam as cáries do ar
Maestro e pianista desfecham o último ofício:
vai terminar o expediente
Na plateia um fole arqueja

## ordenha

Os dedos flácidos
acompanham trôpegos
o embate da testa
Ordenham esta ideia
e mais aquela outra
espremem bem a teta
Longe o telefone
acorda um latido —
o bastante afinal
para que a córnea escorra
sobre a fronha

## leopoldo

Minha namorada cocainômana
me procura nas madrugadas
para dizer que me ama
Fico olhando as olheiras dela
(tão escuras quanto a noite lá fora)
onde escondo minha paixão
Quando nos amamos
peço que me bata
me maltrate fundo
pois amo demais meu amor
e as manhãs empalidecem rápido

## uma cidade

Com gula autofágica devoro a tarde
em que gestos antigos me modelaram
Há muito, extinto o olhar por descaso da retina,
vejo-me no que sou:
Arquitetura desolada —
restos de estômago e maxilar
com que devoro o tempo
e me devoro

## com ansiedade

Os dias passam ao lado
o sol passa ao lado
de quem desceu as escadas

Nas varandas tremula
o azul de um céu redondo, distante

Quem tem janelas
que fique a espiar o mundo

## pássaros que são pedras

O outono cobre de folhas
a relva úmida e as poças no diminuto anfiteatro
Na lembrança descobre
revoada de pássaros numa tarde estival
a meio caminho de Assisi
Asas discêntricas abrindo o ar
como pedras um lago

## luz

Em cima da cômoda
uma lata, dois jarros, alguns objetos

entre eles três antigas estampas
Na mesa duas toalhas dobradas
uma verde, outra azul
um lençol também dobrado   livros   chaveiro
Sob o braço esquerdo
um caderno de capa preta
Em frente uma cama
cuja cabeceira abriu-se numa grande fenda
Na parede alguns quadros

Um relógio, um copo

―

## hora

Ar azul
ave em voo
árvore verde do tempo.
No açude
onde mergulham sombras
dois rostos (do pai, da filha)
tremulam

⌣

Encostei meu ombro naquele céu curvo e terno
No lago as estrelas molhavam-se
Sussurravam que meu abraço
contivera a terra inteira e os ares

Minha voz escuta tua voz
dentro de meu corpo teu corpo
árvore
molhando meu sangue
me abre

## um homem

De regresso ao mundo e a meu corpo
As estradas já não anoitecem à sombra de meus gestos
nem meu rastro lhes imprime qualquer destino
Sou a água em cuja pele os astros se detêm
A pedra que conforma o bojo das montanhas
O voo dos ares

# zuca sardan

**o poeta pras cadeiras**

O poeta cumprimenta o seu público,
As cadeiras que não podem
sequer dar-lhe uma salva de palmas:
que têm braços, têm pés,
mas não têm mãos a medir
Na admiração contumaz

Pra dar ânimo, enfim
Que ânimo infusa, ninguém
por certo João Limão
se está querendo ser;
Mas afinal algum interesse
Mínimo que se desperte
*Coessarte* tradicional!...
Mas qual...

➥

**XIII**
**pesquisa utilitária**

De cem favoritos reais
noventa e seis foram guilhotinados.

É preciso conversar atentamente
com os quatro que sobraram...

## paisagem com movimentação

Um pato deslizando
em lago oval e roxo
Ao crepúsculo
onde meninas
dançam Chopin

Ou era só um carimbo?

## de binóculo

Abaixando o copázio
Empunhando o espadim
Levantando o corpanzil
Indiferente ao poviléu
O homenzarrão abriu a bocarra
fitando admirado
a naviarra do capitorra

## sonatina italiana

A donzela órfã
Seduzida e abandonada
Soluça na neve.

O velho sabujo
De cartola de veludo
Olha de longe...
E gargalha.

Foi ele que a desgraçou.
Mas bêbado e cético
Pouco se importa.
E gargalha: Ah Ah Ah...


## sapiencial saturno

O Supercilioso Valete de Copas
achou refutável
o solipsismo de Saturno
"Pois se só houvesse o vosso eu
Como ireis comer
os de vossos filhos?"

O sapiencial velho
coçando-se as barbas
fazendo mogangas
obliterar procurava
o obnóxio sorriso:
"Justamente... Justamente..."

## os filósofos

Ante o empolgamento
que foi galvanizando
sucessivamente
os frades copistas,
os geômetras,
os astrônomos,
os pálidos almirantes com suas lunetas,
os monarcas augustos com suas esferas armilares,
e os tabeliões
Ante as maravilhas da Ciência
e do Progresso Tecnológico,
Aconteceu que
os filósofos, pouco a pouco,
com suas ideias vagas,
suas caraminholas na cabeça,
um após outro,
entre chacotas mal disfarçadas,
foram sendo jogados ao mar
tichipum, tichipum,
por cima do parapeito do convés
do Barco do Conhecimento

que navega por mares ignotos,
levando à proa
a orgulhosa máscara
de Francis Bacon...

Cuidado, Capitão,
Cuidado...

❧

**invocação**

Prestai-me vossas oiças,
Oh Grandes Monarcas,
Presidentes da República,
e outros Chefes Supremos
Que ditais os destinos da Humanidade
da magnificência de vossos palácios
e de vossos austeros gabinetes...
Napoleão, quando tinha
que saldar diferenças,
algum tira-teima mais brabo,
alguma pinimba com o Rei da Prússia,
ou com o Tsar das Rússias, por exemplo,
Napoleão
vestia o chapéu de três bicos
montava no cavalinho branco
E lá ia ele
pacacá, pacacá,
À frente da turma,
pra dentro da fumaceira,
pra dentro do rolo,

do fura-bucho,
do arranca-toco,
e do pega-pra-capar...

## o soberano e o astrólogo

O Soberano deve suspeitar de tudo.
E nem só o Soberano.
De um Astrólogo não se pode fazer nada.
De um Soberano tampouco.

Em todo o caso,
ao de coroa sempre se oferece
a botija de azeitonas.

O Soberano pode bancar a vítima.
O Astrólogo deve bancar o louco.

## zum e metafísica

"Por que ó Venerável, existe o mal?"
Indaga o ressentido Bacamarte.

"Eu é que sei?", brada Malaquias,
"Por que não é o mundo
em forma de livro,
com ilustrações em sépia,
ou hachurado grosso,

ou escrito em papel de arroz?
Enfim, vamos parar
com perguntas tolas
e vá me buscar uma cerveja."

## o milionário e o zum

"Eu vim buscar a verdade do Zum"
Fala o milionário
de dentro do Impala
para o monge sentado
de pernas cruzadas.

"Por que procuras tal coisa aqui?"
Sermoneia o sábio Malaquias
"Por que ficas a mandriar
de automóvel
do mosteiro à volta"
(o monge ri à socapa)
"e esqueces o tesouro
na tua própria casa?"

Malaquias levanta-se, cada mão
escondida
na manga oposta do quimono secular;
e segue falando:
"Nada tenho a te oferecer".

## shen-hsiu

Havia um monge
Que lustrava a careca
Para que sua cabeça
Fosse como se um espelho:
Refletisse tudo
E não guardasse nada.

## malaquias moritake

Uma florzinha ébria
Escorregando do ramo?

Era uma florzinha caindo.

## a sabedoria do venerável

Um dia, indo à cidade,
Bacamarte encontra o Doutor Malaquias
Dormindo numa cabine telefônica.
"Que fazes aí, ó Sábio, dormindo
num lugar público e inadequado!"

Malaquias acorda furioso e brada:
"Cala-te, basbaque!
Em qualquer lugar
me sinto confortável
e com todas as pessoas também
Porque por mais que ande de Lisboa
pra Meca, de Cardiff pra Niterói,
nunca consigo sair de casa".
E voltou a ressonar.

## a escolha do sucessor

Uma tarde, Doutor Malaquias
chamou os discípulos:
"Vou fazer um teste para escolher
qual de vós será meu sucessor.
Vede aquilo que coloquei no chão:
Não o chameis moringa,
mas dizei-me o que é".

Badu veio e disse:
"Bem, não é só um naco de barro
Porque pode ir água dentro".

Bacamarte veio e suspirou
"Que pena que eu não posso chamá-la
de moringa mesmo!..."

Mas Doutor Kopius, o erudito,
que estava escondido atrás
da cortina, surgiu correndo e
lascou o chute:
A moringa saiu voando,
Quebrou o vidro da janela, sumiu.
Malaquias olhou pro teutão
E disse:
"Se pensas que tua resposta
foi brilhante,
Estás redondamente enganado.
Vais é pagar o prejuízo".

## duhkha e a interpretação zum

Malaquias estava sentado,
de pernas cruzadas,
embaixo da árvore do quintal.
Bacamarte aproximou-se reverente
Acompanhado de
Doutor Kopius, o erudito.
Malaquias, como se em transe hipnótico,

segue falando: "nascimento"
é duca, velhice é duca, morte
é duca, assim também
tristeza e alegria;
até mesmo tédio
é duca; estar ligado
ao que não se quer, ser separado
do que se quer, tudo o que se ama
é duca, é duca.
"Que quer dizer duka?", indaga Baca,
"Não é duka, é duhkha
a palavra", observa o Doutor Kopius,
"algumas vezes identificada
a Sofrimento
e outras a frustração
nas traduções ocidentais
dos textos budistas originais
qual esse que Malaquias
assaz imperfeitamente
está tentando repetir".
Doutor Malaquias,
irritado com a interpretação
do conceituado
e impertinente sábio teutão,
Interrompeu um pouco o êxtase
e disse:
"Não é nada disso. Ademais você
está pronunciando a palavra com
uma ortografia que não é Zum.
Duca quer dizer Ótimo".

## capitão grogojó

O tempo enfulijava
No céu impenitente
É de manhã no hemisfério...

Da ilha no esguelhão
Amarrado com cipó
O navio esgarabulhão
Do Capitão Grogojó
Jaz, todo cimério.

O capitão, vestido de malhó
borrifa as hortaliças
debaixo do japá,
Ao seu ombro, encarangado,
Um depenado jaó
Que só sabe dizer: Gó... Gó... Gó...

E assim vamos sempre encontrar
o bravo Capitão Grogojó
fumando narguilé,
enquanto pras narículas
de sua nariganga
Vai empurrando rapé.

Olé!...

cacaso

**grupo escolar**

Sonhei com um general de ombros largos que rangia
e que no sonho me apontava a poesia
enquanto um pássaro pensava suas penas
e já sem resistência resistia.
O general acordou e eu que sonhava
face a face deslizei à dura via
       vi seus olhos que tremiam, ombros largos,
       vi seu queixo modelado a esquadria
       vi que o tempo galopando evaporava
       (deu pra ver qual a sua dinastia)
mas em tempo fixei no firmamento
esta imagem que rebenta em ponta fria:
poesia, esta química perversa,
este arco que desvela e me repõe
       nestes tempos de alquimia.

**aquarela**

O corpo no cavalete
é um pássaro que agoniza
exausto do próprio grito.
As vísceras vasculhadas
principiam a contagem

regressiva.
No assoalho o sangue
se decompõe em matizes
que a brisa beija e balança:
o verde — de nossas matas
o amarelo — de nosso ouro
o azul — de nosso céu
o branco o negro o negro

☙

## há uma gota de sangue no cartão-postal

eu sou manhoso eu sou brasileiro
finjo que vou mas não vou minha janela é
a moldura do luar do sertão
a verde mata nos olhos verdes da mulata

sou brasileiro e manhoso por isso dentro
da noite e de meu quarto fico cismando na beira de um rio
na imensa solidão de latidos e araras
                                              lívido
de medo e de amor

☙

## jogos florais

I
Minha terra tem palmeiras
onde canta o tico-tico.

Enquanto isso o sabiá
vive comendo o meu fubá.

Ficou moderno o Brasil
ficou moderno o milagre:
a água já não vira vinho,
vira direto vinagre.


II
Minha terra tem Palmares
memória cala-te já.
Peço licença poética
Belém capital Pará.

Bem, meus prezados senhores
dado o avançado da hora
errata e efeitos do vinho
o poeta sai de fininho.

(será mesmo com 2 esses
que se escreve paçarinho?)

◂

**reflexo condicionado**

pense rápido:
Produto Interno Bruto
        ou
brutal produto interno
      ?

## vida e obra

*para Eginardo Pires*

Você sabe o que Kant dizia?
Que se tudo desse certo no meio também
Daria no fim dependendo da ideia que se
Fizesse de começo

E depois — para ilustrar — saiu dançando um
Foxtrote

## e com vocês a modernidade

Meu verso é profundamente romântico.
Choram cavaquinhos luares se derramam e vai
por aí a longa sombra de rumores e ciganos.

Ai que saudade que tenho de meus negros verdes anos!

## a verdadeira versão

O medo maior que tenho é de faltar
                    minha imagem
em teus projetos futuros.
Por isso só te conjugo no pretérito passado.

## epopeia

O poeta mostra o pinto para a namorada
e proclama: eis o reino animal!

Pupilas fascinadas fazem jejum.

## fatalidade

A mulher madura viceja
nos seios de treze anos de certa menina morena.
Amantes fidelíssimos se matarão em duelo
crepúsculos desfilarão em posição de sentido
o sol será destronado e durante séculos violas
                                    plangentes
farão assembleias de emergência.

Tudo isso já vejo nuns seios arrebatados
de primeira comunhão.

## busto renascentista

quem vê minha namorada vestida
nem de longe imagina o corpo que ela tem
sua barriga é a praça onde guerreiros se reconciliam
delicadamente seus seios narram façanhas inenarráveis

em versos como estes e quem
diria ser possuidora de tão belas omoplatas?

feliz de mim que frequento amiúde e quando posso
a buceta dela

## ex (1)

Jamais esquecerei as maneiras
de minha ex-namorada
remava rio acima com a leveza de quem
descia a favor da correnteza
seu sorriso confundia a direção dos cachorros
que viajam com as cabeças para o abismo
seu corpo jamais soube distinguir entre
a primavera e o outono

quando penso no futuro me transformo
no passado de minha ex-namorada

## caminho da gávea

O táxi para na esquina e meu
coração está calcinado.
A paisagem é impecável no seu
espetáculo simétrico e lento. O sol cochila.
Do outro lado da rua e de mim
o mar deságua em si mesmo.

**cinema mudo**

I
Um telegrama urgente
anuncia a bem-amada
para o século vindouro.
Arfando diante do espelho
principio
a pentear os cabelos.

O oceano se banha nas próprias águas.

[...]

IV
Neste retrato de noivado divulgamos
os nossos corpos solteiros.
Na hierarquia dos sexos, transparente,
                            escorrego
para o passado.
Na falta de quem nos olhe
vamos ficando perfeitos e belos
                tão belos e tão perfeitos
como a tarde quando pressente
as glândulas aéreas da noite.

## diário de bordo

Os planos todos dispersos
os primeiros estranhamentos com o filho,
mecânico e pesado o coração destila
uma coleção de remorsos.
Fecho os olhos de horror e eis que
        das obscuras raízes
        do centro de minha fronte
        das rendas negras da carne
esplêndida e cintilante
desponta
a aurora boreal

## praça da luz

O inverno escreve em maiúscula
sua barriga circense.
Namorados sem ritmo povoam o espaço
onde gengivas conspiram e chefes de família
promovem abafadas transações.
Um marreco aproveita a audiência
e se candidata a senador. Anjinhos
cacheados esvoaçam flâmulas
e hemorroidas, corpos horrendos se tocam.
Uma gargalhada despenca do cabide:
                            marcial
um cortejo de estátuas inaugura
o espantoso baile dos seres.

roberto piva

**praça da república dos meus sonhos**

A estátua de Álvares de Azevedo é devorada com
[paciência pela paisagem
de morfina
a praça leva pontes aplicadas no centro de seu corpo e
[crianças brincando
na tarde de esterco
Praça da República dos meus sonhos
onde tudo se fez febre e pombas crucificadas
onde beatificados vêm agitar as massas
onde García Lorca espera seu dentista
onde conquistamos a imensa desolação dos dias
[mais doces
os meninos tiveram seus testículos espetados pela multidão
lábios coagulam sem estardalhaço
os mictórios tomam um lugar na luz
e os coqueiros se fixam onde o vento desarruma os cabelos
*Delirium Tremens* diante do Paraíso bundas glabras sexos de
[papel
anjos deitados nos canteiros cobertos de cal água
[fumegante nas
privadas cérebros sulcados de acenos
os veterinários passam lentos lendo *Dom Casmurro*
há jovens pederastas embebidos em lilás
e putas com a noite passeando em torno de suas unhas
há uma gota de chuva na cabeleira abandonada

enquanto o sangue faz naufragar as corolas
Oh minhas visões lembranças de Rimbaud praça da
[República dos meus
Sonhos última sabedoria debruçada numa porta
[santa

## a piedade

Eu urrava nos poliedros da Justiça meu momento abatido
[na extrema
paliçada
os professores falavam da vontade de dominar e da luta
[pela vida
as senhoras católicas são piedosas
os comunistas são piedosos
os comerciantes são piedosos
só eu não sou piedoso
se eu fosse piedoso meu sexo seria dócil e só se ergueria
aos sábados à noite
eu seria um bom filho meus colegas me chamariam cu de
[ferro e me
fariam perguntas por que navio boia? Por
que prego afunda?
eu deixaria proliferar uma úlcera e admiraria as estátuas de
fortes dentaduras
iria a bailes onde eu não poderia levar meus amigos
[pederastas ou barbudos
eu me universalizaria no senso comum e eles diriam que
[tenho
todas as virtudes

eu não sou piedoso
eu nunca poderei ser piedoso
meus olhos retinem e tingem-se de verde
Os arranha-céus de carniça se decompõem nos
                                      [pavimentos
Os adolescentes nas escolas bufam como cadelas
                                      [asfixiadas
arcanjos de enxofre bombardeiam o horizonte através dos
                                      [meus sonhos

## poema de ninar para mim e bruegel

> *Ninguém ampara o cavaleiro*
> *do mundo delirante*
> Murilo Mendes

Eu te ouço rugir para os documentos e as multidões
    denunciando tua agonia às enfermeiras
                                  [desarticuladas
A noite vibrava o rosto sobrenatural nos telhados
                                        [manchados
Tua boca engolia o azul
Teu equilíbrio se desprendia nas vozes das alucinantes
    madrugadas
Nas boates onde comias picles e lias santo Anselmo
    nas desertas ferrovias
    nas fotografias inacessíveis
    nos topos umedecidos dos edifícios
    nas bebedeiras de xerez sobre os túmulos

As leguminosas lamentavam-se chocando-se contra o vento
    drogas davam movimento demais aos olhos
Saltimbancos de Picasso conhecendo-se numa viela
                                                   [maldita
e os ruídos agachavam-se nos meus olhos turbulentos
resta dizer uma palavra sobre os roubos
enquanto os cardeais nos saturam de conselhos
                                        [bem-aventurados
e a Virgem lava sua bunda imaculada na pia batismal

Rangem os dentes da memória
segredos públicos pulverizam-se em algum ponto da
                                                   [América
peixes entravados se sentam contra a noite
O parque Shanghai é conquistado pela lua
adolescentes beijam-se no trem fantasma
sargentos se arredondam no palácio dos espelhos
Eu percorro todas as barracas
    atropelando anjos da morte chupando sorvete
os fios telegráficos simplificam as enchentes e as secas
os telefones anunciam a dissolução de todas as coisas
a paisagem racha-se de encontro com as almas
o vento sul sopra contra a solidão das janelas e as
    gaiolas de carne crua
Eu abro os braços para as cinzentas alamedas de São
                                                        [Paulo
e como um escravo vou medindo a vacilante música das
                                                          [flâmulas

## visão de são paulo à noite
## poema antropófago sob narcótico

Na esquina da rua São Luís uma procissão de mil pessoas
    acende velas no meu crânio
há místicos falando bobagens ao coração das viúvas
e um silêncio de estrela partindo em vagão de luxo
fogo azul de gim e tapete colorindo a noite, amantes
    chupando-se como raízes
Maldoror em taças de maré alta
na rua São Luís o meu coração mastiga um trecho da
                                   [minha vida
a cidade com chaminés crescendo, anjos engraxates com
                                       [sua gíria
    feroz na plena alegria das praças, meninas
                              [esfarrapadas
    definitivamente fantásticas
há uma floresta de cobras verdes nos olhos do meu amigo
a lua não se apoia em nada
eu não me apoio em nada
sou ponte de granito sobre rodas de garagens subalternas
teorias simples fervem minha mente enlouquecida
há bancos verdes aplicados no corpo das praças
há um sino que não toca
há anjos de Rilke dando o cu nos mictórios
reino-vertigem glorificado
espectros vibrando espasmos

beijos ecoando numa abóbada de reflexos
torneiras tossindo, locomotivas uivando, adolescentes
                                        [roucos
      enlouquecidos na primeira infância
os malandros jogam ioiô na porta do Abismo
eu vejo Brama sentado em flor de lótus
Cristo roubando a caixa dos milagres
Chet Baker ganindo na vitrola
eu sinto o choque de todos os fios saindo pelas portas
      partidas do meu cérebro
eu vejo putos putas patacos torres chumbo chapas chopes
      vitrinas homens mulheres pederastas e crianças
                                        [cruzam-se e
      abrem-se em mim como lua gás rua árvores lua
                                        [medrosos repuxos
      colisão na ponte cego dormindo na vitrina do horror
disparo-me como uma tômbola
a cabeça afundando-me na garganta
chove sobre mim a minha vida inteira, sufoco ardo flutuo-me
nas tripas, meu amor, eu carrego teu grito como um tesouro
                                        [afundado
quisera derramar sobre ti todo meu epiciclo de centopeias
                                        [libertas
ânsia fúria de janelas olhos bocas abertas, torvelins de
                                        [vergonha,
      correrias de maconha em piqueniques flutuantes
vespas passeando em volta das minhas ânsias
meninos abandonados nus nas esquinas
angélicos vagabundos gritando entre as lojas e os templos
      entre a solidão e o sangue, entre as colisões, o parto
      e o Estrondo

## visão 1961

as mentes ficaram sonhando penduradas nos esqueletos
[de fósforo
invocando as coxas do primeiro amor brilhando
[como uma
flor de saliva
o frio dos lábios verdes deixou uma marca azul-clara
[debaixo do pálido
maxilar ainda desesperadamente fechado sobre o
[seu mágico vazio
marchas nômades através da vida noturna fazendo
[desaparecer o perfume
das velas e dos violinos que brota dos túmulos sob as
[nuvens de
chuva
fagulha de lua partida precipitava nos becos frenéticos
[onde
cafetinas magras ajoelhadas no tapete tocando o
[trombone de vidro
da Loucura repartiam lascas de hóstias invisíveis
a náusea circulava nas galerias entre borboletas adiposas
e lábios de menina febril colados na vitrina onde
[almas coloridas
tinham 10% de desconto enquanto costureiros
[arrancavam os ovários
dos manequins
minhas alucinações pendiam fora da alma protegidas por
[caixas de matéria

plástica eriçando o pelo através das ruas iluminadas
                                                      [e nos arrebaldes
de lábios apodrecidos
na solidão de um comboio de maconha Mário de Andrade
                                                      [surge como um
Lótus colando sua boca no meu ouvido fitando as
                                                         [estrelas e o céu
que renascem nas caminhadas
noite profunda de cinemas iluminados e lâmpada azul da
                                                    [alma desarticulando
aos trambolhões pelas esquinas onde conheci os
                                                              [estranhos
visionários da Beleza
já é quinta-feira na avenida Rio Branco onde um enxame
                                                            [de Harpias
vacilava com cabelos presos nos luminosos e minha
                                                           [imaginação
gritava no perpétuo impulso dos corpos encerrados
                                                                  [pela
Noite
os banqueiros mandam aos comissários lindas caixas azuis
                                                                  [de excrementos
secos enquanto um milhão de anjos em cólera
                                                              [gritam nas assembleias
de cinza OH cidade de lábios tristes e trêmulos onde
                                                                  [encontrar
asilo na tua face?
no espaço de uma Tarde os moluscos engoliram suas mãos
em sua vida de Camomila nas vielas onde meninos
                                                                     [dão o cu

e jogam malha e os papagaios morrem de Tédio nas
[cozinhas
engorduradas
a Bolsa de Valores e os Fonógrafos pintaram seus lábios
[com urtigas
sob o chapéu de prata do ditador Tacanho e o ferro
[e a borracha
verteram monstros inconcebíveis
ao sudoeste do teu sonho uma dúzia de anjos de pijama
[urinam com
transporte e em silêncio nos telefones nas portas nos
[capachos
das Catedrais sem Deus

imensos telegramas moribundos trocam entre si abraços e
[condolências
pendurando nos cabides de vento das maternidades
[um batalhão
de novos idiotas
os professores são máquinas de fezes conquistadas pelo
[Tempo invocando
em jejum de Vida as trombetas de fogo do
[Apocalipse
afã irrisório de ossadas inchadas pela chuva e bomba H
[árvore
branca coberta de anjos e loucos adiando seus
[frutos
até o século futuro
meus êxtases não admitindo mais o calor das mãos e o
[brilho

platônico dos postes da rua Aurora comichando nas
[omoplatas
irreais do meu Delírio
arte culinária ensinada nos apopléticos vagões da
[Seriedade por
quinze mil perdidas almas sem rosto destrinçando
[barrigas
adolescentes numa Apoteose de intestinos
porres acabando lentamente nas alamedas de mendigos
[perdidos esperando
a sangria diurna de olhos fundos e neblina enrolada
[na voz
exaurida na distância

cus de granito destruídos com estardalhaço nos subúrbios
[demoníacos pelo
cometa sem fé meditando beatamente nos púlpitos
[agonizantes
minhas tristezas quilometradas pela sensível persiana
[semiaberta da
Pureza Estagnada e gargarejo de amêndoas
[emocionante nas palavras
cruzadas no olhar
as névoas enganadoras das maravilhas consumidas sobre
[o arco-íris
de Orfeu amortalhado despejavam um milhão de
[crianças atrás das
portas sofrendo
nos espelhos meninas desarticuladas pelos mitos recém-
[-nascidos vagabundeavam

acompanhadas pelas pombas a serem fuziladas
[pelo veneno
da noite no coração seco do amor solar
meu pequeno Dostoiévski no último corrimão do ciclone
[de almofadas
furadas derrama sua cabeça e sua barba como um
[enxoval noturno
estende até o Mar
no exílio onde padeço angústia os muros invadem minha
[memória
atirada no Abismo e meus olhos meus manuscritos
[meus amores
pulam no Caos

torquato neto

**ver**

e deu-se que um dia eu o matei, por merecimento.
sou um homem desesperado andando à margem do rio
                                                [parnaíba.

**vir**

correndo sol a pino pela avenida

Agora não se fala mais
toda palavra guarda uma cilada
e qualquer gesto é o fim
do seu início;

Agora não se fala nada
e tudo é transparente em cada forma
qualquer palavra é um gesto
e em sua orla
os pássaros de sempre cantam
nos hospícios.

Você não tem que me dizer
o número de mundo deste mundo
não tem que me mostrar
a outra face
face ao fim de tudo:

só tem que me dizer
o nome da república do fundo
o sim do fim do fim de tudo
e o tem do tempo vindo;

não tem que me mostrar
a outra mesma face ao outro mundo
não se fala. não é permitido:
mudar de ideia. é proibido.
não se permite nunca mais olhares
tensões de cismas crises e outros tempos.
está vetado qualquer movimento.

◂

era um pacato cidadão de roupa clara
seu terno, sua gravata lhe caíam bem
seu nome, que eu me lembre, era ezequias
casado, vacinado e sem ninguém.
brasileiro e eleitor, seu ezequias
reservista de terceira e com família
três filhos, prestações e alguns livros
(enciclopédias e biografias).
era um pacato cidadão de roupa clara
era um homem de bem que eu conhecia
cumpria seus deveres, trabalhava

chegava cedo em casa de madrugada
lutando pelo pão de cada dia.
era um pacato cidadão de roupa clara
e todo dia passava e me dizia
que o mundo estava andando muito mal
eu perguntava por que, eu perguntava
seu ezequias nunca me explicava
apenas repetia
lá dentro do seu puro tropical
este mundo vai seguindo muito mal
este mundo, meu filho, vai seguindo muito mal.
ah, seu ezequias!
que pena, que desastre, que tragédia
que coisa aconteceu naquele dia
seu ezequias, ah, seu ezequias
saiu do emprego e foi tomar cachaça
e apenas de manhã voltou para casa
batendo na mulher, xingando os filhos
seu ezequias, ah, seu ezequias
era um pacato cidadão de roupa clara
era um homem de bem que eu conhecia
e agora é a vergonha da família.

## make love, not beds ou é isso mesmo

Filho de Kennedy não quer ser Kennedy
Deus os faz e os junta.
Amanhã em Tara eu pensarei nisso.
Pra o bom entendedor: meia palavra basta?
É disco que eu gosto?

Quem vem lá faça o favor de dizer por que é que vem.
Tem gente dando bandeira a meio pau.
Ninguém me ama, ninguém me chama, são coisas do
[passado (W.S.)
Quem sabe, sabe, conhece bem: gostoso gostar de alguém?
Vai começar a era de Aquarius. Prepare seu coração.
Ou não: dê um pulo do lado de fora.
Compre: Olhe. Vire. Mexa.
Você sempre me aparece com a mesma conversa mole.
Com o mesmo papo furado — só filmo planos gerais.
Sou feiticeiro de nascença/Trago o meu peito cruzado.
A morte não é vingança/Orgulho não vale nada.
E atrás dessa reticência.
Nada, ri-go-ro-sa-men-te nada
Boca calada, moscas voando, e tudo somente enquanto
Eu deixar. Enquanto eu estiver atento nada me acontecerá.
Um painel depois do outro e um sorriso de vampiro;
Eu me viro/como/posso me virar.
E agora corta *essa* — só quero saber do que pode dar certo
Mas hoje tenho muita pressa. Pressa. Pressa! A gente se vê,
Na certa.

╰

### mais desfrute, curta

a) A virtude é a mãe do vício
   conforme se sabe;
   acabe logo comigo
   ou se acabe.

b) A virtude é o próprio vício
   — conforme se sabe —
   estão no fim, no início
   da escada, Chave.

c) Chuva da virtude, o vício,
   é conforme se sabe;
   e propriamente nela é que eu me ligo,
   nem disco nem filme:
   nada, amizade. Chuvas de
   virtude:
   chaves.

d) amar-te/a morte/morrer.
   há urubus no telhado e a carne seca
   é servida: um escorpião
   encravado
   na sua própria ferida, não
   escapa;
   só escapo pela porta da saída.

e) A virtude, a mãe do vício
   como eu tenho vinte dedos,
   ainda,
   e ainda é cedo:
   você olha nos meus olhos
   mas não vê, se lembra?

f) A virtude
   mais o vício: início da
   **MINHA**
   transa. Início fácil, termino:

Deus é precipício,
durma,
e nem com Deus no hospício
(durma), o hospício é refúgio.
Fuja.

## cogito

eu sou como eu sou
pronome
pessoal intransferível
do homem que iniciei
na medida do impossível

eu sou como eu sou
agora
sem grandes segredos dantes
sem novos secretos dentes
nesta hora

eu sou como eu sou
presente
desferrolhado indecente
feito um pedaço de mim

eu sou como eu sou
vidente
e vivo tranquilamente
todas as horas do fim.

## d'engenho de dentro [excertos]

12/10

eu queria escrever sobre ana, mas ainda é cedo, eu não sei, não sei se posso e, finalmente, vejo que não quero. sobre a vinda de mamãe e papai até aqui, também não: falta qualquer novidade a esse respeito — a não ser que valha a pena anotar que reencontrar papai depois de três anos é como reencontrar um velho amigo que não via há três dias; e reencontrar mamãe depois de dois anos é como ser apresentado a alguém cujo nome, fama e aventuras eu já conhecia de sobra — e que, portanto, me pareceu estranha, distante, mítica. mais ou menos assim. mas prefiro escrever sobre este lugar e minha vida dentro dele. a melhor sensação é a de reconquistar inteiramente o anonimato no contato diário com meus pares de hospício. posso gritar: "meu nome é torquato neto, etc. etc."; do outro lado uma voz sem dentes dirá: meu nome é vitalino; e outra: o meu é atagahy! aqui dentro só eu mesmo posso ter algum interesse: minhas aventuras, nem um pingo. meu nome podia ser, josé da silva — e de preferência, mas somente no que se refere a mim. a eles não interessa. O dr. Osvaldo não pode fugir, nem fingir: mas isso eu começarei a ver, de fato, logo mais quando teremos nossa primeira entrevista. o anonimato me assegura uma segurança incrível: já não preciso mais (pelo menos enquanto estiver aqui) liquidar meu nome e formar nova reputação como vinha fazendo sistematicamente como parte do processo autodestrutivo em que embarquei — e do qual, certamente, jamais me safarei por completo. mas sobre isso, prefiro dar mais tempo ao tempo: eu sou obrigado a acreditar no meu destino. (isso é outra conversa que só rogério entenderia). tem um livro chamado: o hospício é deus. eu queria ler esse livro. foi escrito, penso, neste mesmo sanatório. vou pedir a alguém para me conseguir esse livro.

13/10

eu: pronome pessoal e intransferível. viver: verbo transitório e transitivo, transável, conforme for. a prisão é um refúgio: é perigoso acostumar-se a ela. e o dr. Osvaldo? Não exclui a responsabilidade de optar, ou seja:?

[...]
20/10

É preciso não beber mais. Não é preciso sentir vontade de beber e não beber: é preciso não sentir vontade de beber. É preciso não dar de comer aos urubus. É preciso fechar para balanço e reabrir. É preciso não dar de comer aos urubus. Nem esperanças aos urubus. É preciso sacudir a poeira. É preciso poder beber sem se oferecer em holocausto. É preciso. É preciso não morrer por enquanto. É preciso sobreviver para verificar. Não pensar mais na solidão de Rogério, e deixá-lo. É preciso não dar de comer aos urubus. É preciso enquanto é tempo não morrer na via pública.

[...]
4/4/71

Debaixo da tempestade
sou feiticeiro de nascença

atrás desta reticência
tenho o meu corpo cruzado
a morte não é vingança

7/4/71

— Foi um caminhão que passou. bateu na minha cabeça. aqui. isso aqui é péssimo, não me lembro de nada.

— Eles não deixam ninguém ficar em paz aqui dentro. são bestas. Não deixam a gente cortar a carne com faca mas dão gilete pra se fazer a barba.

— Pode me dar um cigarro? eu só tenho um maço, eu tenho que pedir porque senão acaba. Pode me dar as vinte.

# josé carlos capinan

**anima**

      Existe uma menina onde meu coração é doce.
Voz marítima selvagem eu guardo
o hálito da vítima o branco vestido e o traço
do rosto dramático, dela
                           do outro
e do meu um pedaço.

      São colinas os cavalos
e todas as lagoas envenenadas de lua e sangue.
Eu quero morrer, como tenho medo
quero morrer me conhecendo como um touro indomável
Entre espadas e toureiro.

      O meu destino partiu no expresso do meio-dia
e o meu consolo é amante da poesia.
Solitária atrás do muro a menina me acena e foge.
Seu nome escrito ninguém sabe
porque mente com o sentimento e a verdade.
Quando ela me deitar entre auroras
E começar o martírio da ausência eu
Serei apenas o sábio que chora eu
Serei apenas o resto da madrugada eu
Serei infecundo e o sapo que salta entre o inverno
e a demora de nada.

Aqui estão os arcanjos:
o nome dele, sacrifício; o meu, clemência.
Na multidão a demência se anuncia
E eu grito entre meu gesto e o precipício.
Por que não digo
E não exalto a vertigem?
Por que não digo
que a minha juventude se fecha atrás do refúgio
de um poema?

O verso não me faz chorar nem me leva
entre os parentes e o morto que me aguarda
com seus dentes perfilados entre as cadeiras da sala
Silenciosa.
Só longe um pássaro.
Só perto a boca da deusa morta.
E no quarto as ambições do sexo
e a demora.

Há alguém na varanda que passeia.
Alguém que me ama e incendeia
no passado.
Não posso viajar e obtê-la.
Tenho que esperar a colheita da memória
E a safra da miséria.
E quando possível encontrá-la.

Não quero me dizer que sofro
dormir doente a madrugada.
Meu nome ela escreve sem doçura.
E na sua letra se percebe exata
a imagem amarga de meu corpo.

Rios de carne me afogaram.
Escaparam do naufrágio a namorada muda,
o pássaro incendiado e torto.
　　　Ah minha namorada que me esquece com a minha
　　　　　　　　　　　　　　　　　　[própria alma.
　　　Se eu soubesse, me manteria simples
como a folha, como a seiva, nada mais que a natureza.
Entretanto, penso — contra mim exerço e compreendo
que só por pensar sei o meu fim.
　　　Ai de mim que era terno. Ai de mim, que era o vento.
Agora sou quem me espera.
Agora sou quem me atormenta.
　　　Agora que me ausento e ando lento pra bem mais
　　　　　　　　　　　　　　　　　　[longe de mim
flores, vejo bem claro, molhadas ao vento.
Daqui a um tempo rebentarão e tudo será novo
menos para mim, que me despeço.
　　　As flores não aguentam a presença da terra e
　　　　　　　　　　　　　　　　　　[arrebentam.
E eu não aguento morrer e me arrependo
(Ah ser apenas como as flores que só sabem nascer e
　　　　　　　　　　　　　　　　　　[morrer
e nada de sentimentos).

Há alguém na varanda que passeia
　　　　　　　　　　　　　e não se detém.
É alguém para quem não sou.
É a noiva que passou no trem
Para quem a morte não vem.

Eu queria ser demente na varanda de meu pai
mijar nas flores, sorrir da lua como um louco
                                         ou um cavalo.
E não saber a quem ponho fogo a quem recebo a quem
                                                       [falo
E não saber que adormeço
E não ter entre acordado e dormido os intervalos do sonho
sonhar sempre sem intervalo.
(Ah e não saber a quem esqueço)
E andar demente entre as visitas,
E andar dementes entre os acidentes
E andar demente entre as meninas que nos amaram.
Anda no passado o meu presente.
Do leito do acaso quero colher um amor amargo
ou obtê-lo no passado.
A menina que me conhece não me reclama.
    Minha alma era mais vasta que a cama em que se
                                                                  [deita
mas meu corpo era mais largo que a alma que rejeita.
    Assim nossa dimensão é absurda
se mede na proporção da perda.

    Espero que alguém entenda tudo
E quando eu passar não me esqueça.
Nem esqueça que um sentimento mudo é absurdo
E muito mais absurdo um ato que não se entenda
E que alguém pereça mudo porque fez como linguagem
    a própria natureza.

    Atrás de Deus está o espaço em que suas mãos
                                                                   [tateiam.
Lá passeiam meus vícios.

No escuro da eternidade escrevemos, nos exercemos
Esperando que a mão pesada nos encontre e precipite
Nos tire do equilíbrio clandestino, atrás Dele.

  Sobre a ponte três vultos me acompanham:
um reclama, um me chama, outro me ama.
Ameaçam os campos, lastimam a chuva
                             um se curva
e aponta o horizonte.
                O que me ama
apenas ele me precipita da ponte
E nas capas de seu martírio se faz forte e se esconde.

  Na queda só perco o nome dos vultos e o meu nome
E sou levado do suplício para novas fontes

❦

Corre pelas ruas um vago rumor de asas
segue o poeta nas brumas
                    no seu hábito
                        calado

Colado no seu coração
um vagido          um vago ai
                   ai de onça
                   um gemido
                   (ai da moça
                   que dê ouvido)

Nas ferozes sombras do muro
distingue formas o acaso

                da chuva
                do lápis infantil
                do terror
                sangue
                e escarro

(não foi deus nem o poeta
nem acaso quem pôs a pedra)

— a cal a sombra o sarcasmo —
é tudo pintura moderna

—

Como me espanta o espanto
do homem que senta ao meu lado
Veste terno de engenheiro
E pânico funcionário

— E eu não leio O Marinheiro
poema quase dramático

—

Como se derrama um vaso
animo as salas mortas
que eu simplesmente trago
dentro de minha vida

Como se levanta um Lázaro
passo as noites que me passam

exercitando os pássaros
a circular sobre os mortos

— sussurros no assoalho
nem redivivos mortais nem seus fantasmas
   ratos
são apenas os ratos
devorando as ilusões
            a madeira podre
            e o vazio da sala

## compreensão de santo

Todos os santos têm o sexo amputado.

E cansados de suster a própria boca
maldizem a fome, enquanto comem.

(De gula, assaz e sempre, estarão salvos.)

Sabem ótimo o benefício de dar-se
mas em ânsias de céu erram as doações pelo ar.

(Em dar assim, mais se exercem, mais se guardam.)

O santo é só um ângulo do homem.

Como só vê de um lado, enviesado
anda em círculos, se perseguindo,

doida figura que nas costas procurasse o seu sentido.
                                                                                 todo.

(Buscando o ausente em Deus, faz-se íntegro e pouco.)

◆

## o rebanho e o homem

O rebanho trafega com tranquilidade o caminho:
é sempre uma surpresa ao rebanho que ele chegue
ao campo ou ao matadouro.
Nenhuma raiva
nenhuma esperança o rebanho leva,
pouco importa que a flor sucumba aos cascos
ou ainda que sobreviva.
Nenhuma pergunta o rebanho não diz:
até na sede ele é tranquilo
até na guerra ele é mudo —
o rebanho não pronuncia,
usa a luz mas nunca explica a sua falta
usa o alimento sem nunca se perguntar.
Sobre o rebanho o sexo
que ele nunca explicava
e as fêmeas cobertas
recebem a fecundidade sem admiração.
A morte ele desconhece, e a sua vida,
no rebanho não há companheiros
há cada corpo em si sem lucidez alguma.

O rebanho não vê a cara dos homens
aceita o caminho e vai escorrendo
num andar pesado sobre os campos.

❧

## formação de um reino (e a composição do rei)

Cidadãos, eis o rei.
Cidadãos, eis a coroa.

Contaram a mim que um libertino
por azares e voltas do destino
encontrara às soltas
pelo caminho
numa nobre roupa.

Como estava cheio de tempo, resolveu
de troça
vestir a roupa.

Ao primeiro pastor tirou uma ovelha,
ao segundo pastor tirou uma orelha
e condenou ao terceiro

Com tais mostras de governo conseguiu
pôr em volta em poucas horas
numerosos servos.

Quando lhe parecera secar as obediências
se fez mais duro, maduro e agudo
como quem reina.

— Trazei vossas filhas, trouxeram.
Com gosto próprio e dedo hábil,
separou as virgens e as despiu, tranquilamente sábio.

Ao pressentimento de que tremeria,
as vestiu de novo. E o povo ficou bobo com desprezo tão
[soberano.
O rei sorriu para si. Dentro, denso medo, mas por fora era
[poder.

Com apenas um gesto desfez a multidão.
aos atropelos correu as virgens ao canto mais fundo do
[escuro castelo
e lá pôde ser usurário e fraco.

Acostumou-se e de novo as trouxe à multidão,
refeita com outro gesto.

Esta vez, seguro as despiu e possuiu.
corri um olho no gozo e outro no povo.

— Cidadãos, sou o rei.
— Cidadãos, sou o anjo.

Sim, só um santo tocaria as mulheres pondo tais distâncias,
com sua metade de homem em vigilância.

Depois desta prova, ele, separando a multidão com o dedo,
foi até um menino e colheu seu pranto
alisou sua face e os seus cabelos.

Mas muito mais amado se tornou quando olhou o pai do
[menino
e lhe cobrou os quintos
e muito mais querido quando lhe arrancou os órgãos por
[castigo.

E sempre com seu dedo foi abrindo a multidão até uma
[jovem que o encarava

Sabia que a conhecia, mas fez-se de pouca memória,
lhe perguntou quem era e o que sofria.

— Sou Madalena, choro porque me desconheceu aquele
por quem me dupliquei e multipliquei para aquecer
e não me prefere quem outrora discursara loucuras
irrompendo despido entre minhas coxas sem qualquer
[astúcia.

O rei fez sinal de perdão e passou a mão pela cabeça da
[acusadora
A multidão entendeu que ele encontrara alguém que lhe
[pedia misericórdia.
e disseram: — Como é magnânimo o soberano.

O rei foi adiante.
Outra mulher rompia a multidão e gritava:
— Senhor, tende piedade de mim, que ainda não fui
[tocada.
— Senhor, meu marido não me basta.
— Senhor, apenas meu pai me teve.
O rei se continha para não sorrir ou se atirar a elas.

Dentro, sabia ter que matar o outro tempo.
Foi-se esforçando para cortar as pernas e cabeça do
[libertino
com a espada fazendo os cortes
até estar completamente operado.
Pediu trono e palácio,
ordenou os ventos, as navegações e quis literatura sobre ele.

E com astúcia foi voltando ao palácio
onde cada súplica se perdia num clamor indistinto
a que era mais fácil resistir.

Daí a pouco foi tido distinto, distante, divino.

—

## II
## poeta e realidade (didática)

A poesia é a lógica mais simples.
Isso surpreende
aos que esperam ser um gato
drama maior que o meu sapato
aos que esperam ser o meu sapato
drama tanto mais duro que andar descalço
e ainda aos que pensam não ser meu andar descalço
um modo calmo.

(Maior surpresa terão passado
os que julgam que me engano:
ah não sabem quanto quero o sapato

não sabem quanto trago de humano
nesse desespero escasso.

Não sabem mesmo o que falo
em teorema tão claro.

Como não se cansariam ao me buscar os passos
pois tenho os pés soltos e ando aos saltos
e, se me alcançassem, como se chocariam ao saber que
                                                              [faço
a lógica da verdade pelos pontos falsos.)

➴

## IV
**poeta e realidade (o poeta de si)**

Vezes me surpreendo
com os olhos no céu,
admirado de hábitos
que julgava não ter.

Alguma estrela procuro
ou procuro a mim mesmo
com quem convivo
e desconheço?

(E faz o troco consigo
no jogo de seu enigma
entre ser e não ser que fosse
senão forma de elegia
por si, já desconhecido

pelos sentidos:
ser estranho, além de si,
como indivíduo.

E vezes pode se açoitar,
chorar-se e querer
com o mesmo gozo e desejo
com qual se açoita, chora e se quer

o diverso amante
Sendo o nenhum e o dobro de si ao mesmo instante.)

❧

### V
**poeta e realidade (o desistente)**

Vou tentar a desistência
vou sentar aqui
ficar sem ir
e esperar por mim que vem atrás

os frutos caem
o carro corre
o poeta morre
o mundo marcha para sua manhã
e a sinfonia não para

— sendo fatalidade, fico aqui —
se em tudo existe a própria máquina
pouco acrescenta ir ou não ir

gritam pulam
ficam eufóricos
        nunca práticos
        todos teóricos
abrem camisa arrancam gravata
dizem senões
perdem botões
e permanecem homens
. . . . . . . . filhos da hora
        irmãos do momento

eu vou parar
que venha a noite

se vier com luz
amém

se vier escura
        amém

se vier mulher
bem, aí muito bem.

roberto schwarz

**ulisses**

A esperança posta num bonito salário
corações veteranos

Este vale de lágrimas. Estes píncaros de merda.

~

O cidadão que vejo no espelho
é mais moço que eu
mais eriçado que eu
mais infeliz que eu

~

**já já**

Luís Inácio Trella, é verdade. Não sei bem se quer escrever o ensaio que planejo escrever, ou se quer seduzir Alice. Se fico aqui ronronando, é certo que escreverá antes de mim. Se saio, entretanto, ocupará o meu lugar. Alice, como você atrapalha. Luís Inácio, conte lá o que anda fazendo. Ouvi dizer que tem projetos? Não? Modéstia sua, tenho certeza. Sente-se. Não quer nos fazer companhia? Aqui embaixo da mesa, é mais confortável. Não se incomode comigo; primeiro as visitas. Preciso sair um instantinho. Alice há de entretê-lo.

Não, não, não se incomode.
Vou à venda comprar cigarros. Não fumo, de modo que não vou também à venda. Acho que não volto mais para casa.
Fique lá o Luís Inácio, grudado.

### sr.

Estripou a mulher querida
deixou a amada a ver navios.
Querida e amada então não
são a mesma? A que se quer e
a que se ama são duas. Nem
a querida e a que se quer são
a mesma, a primeira ninguém
sabe mais se quer, a segunda
também não. Mas por que, por que
não estripa a amada e deixa a
mulher querida a ver navios?
Ficar vendo navios, que fe-
licidade, melhor deixá-
-la à mulher querida, que já
sossegou, e merece ter
o que ver até que chegue a
velhice. E além do mais, como, como
deixar a amada viva?
Mas se amada e querida são
uma só, estripar é mostrar navios
melhor que mostrar navios só
que era cruel demais.

## jura

Vou me apegar muito a você
vou ser infeliz
vou lhe chatear

## primavera

Lá fora a boquirrota, a fraudulenta e festiva
        Paris troca de pele pela enésima vez
       e mostra à freguesia atônita os seus
      múltiplos charmes catalogados.
Pela janela aberta entra o amor e se mistura
       na luz do sol espalhada pelo quarto.
      Alegre música muda.
O poeta ri porque está de pau duro.

## convalescença

Hoje cedo saí para o jardim
um pouco de sol, brisa
na penugem do antebraço
estou barrigudo como na infância
por causa da perna quebrada
cadeiras de lona amarela e vermelha

a poucos passos o portão
                    em surdina
ligeira passa a felicidade pelas minhas
pernas trêmulas e o súbito, embargado
soluçante desejo de viver
os automóveis parados dos dois lados da rua
o céu coberto
                    a despeito de tudo a beleza
quantos amigos presos
visto um casaco


## macunaíma nos ajude

Barriga de minha perna
onde estás?
na barriga do gorila

Dedos de minha mão
onde estão?
na barriga do gorila

Lobos de minha orelha
onde estais?
na barriga do gorila

Cabeça do meu pau?
na barriga do gorila

Meu alegre coração
onde estás?
na barriga do gorila

## não olhe para trás

Caiu no buraco
saiu de quatro
se arrastou um pouco
levantou dum pulo
disparou dez passos
riu para a galeria
caiu de quatro, como
um cavalo machucado
como um filho da puta
como água usada.

## conto de fadas

O ratão transformara-se num príncipe encantado de pau duro. A bocetinha falante de Cinderela babava pelos bigodes.

Um reputado economista afirma
que assim como veio
a ditadura vai.
Escuto maravilhado.

## o armando é uma boa cabeça

Ele é excelente, efetivamente bastante bom
Acho maravilhosa a Luisinha
Não acho que ela seja fascista
Para mim foi-se o tempo
De ler *Le Monde* e mexer a bunda
Você vai me achar boba
Mas não consigo me livrar
Dos sentimentos românticos
O nosso convívio rendia muito
Minha cuca está fundida
Caralho

## inoxidável

Escovou os dentes até que sangrassem. Parou de escovar quando começaram a sangrar. Não escove até que sangrem! Meus dentes sangram tão logo comece a escová-los. Antes, precisava escovar muito, agora é começar e já estão sangrando. Basta aproximar a escova e começam a sangrar. Às vezes penso numa escova mais mole, mas sei que mesmo um pincel de barba, esfregando bastante, não faz menos efeito que o arame.

## emigração 71

A mulher de um marinheiro trucidado conta ao pai de uma menina presa, aguardando julgamento, a depressão nervosa de um amigo comum, deputado federal, que agora vive no Chile. Será que o Allende vai dar certo... As xicrinhas vão pela sala, de mão em mão, há uma bandeja de bolo e outra de doce de leite. Lá fora, imensa e silenciosa, a dança fantástica do outono incendeia a tarde fria. O garoto brincando no tapete já nasceu em Paris. Aqui e ali o murmúrio é interrompido por uma expressão mais nortista. Um menino loiro, que participou no rapto dalgum embaixador, pede açúcar para pôr no chá. Na vitrola Caetano canta a sua versão da Asa Branca. Todos ficam quietos.

## zulmira ribeiro tavares

**um estado muito interessante**

Conheço o meu país
no escuro — pelo tato.
E se me amarram as mãos nas costas
conheço pelo cheiro.
E se me tapam o nariz
ainda assim conheço o meu país
pelo que dele sobra
à minha volta.

Não conheço o meu país pela boca.
Não conheço o meu país pelos ouvidos.
Não conheço o meu país pelos olhos.

O que a boca solta o ouvido não encontra,
o papel não grava, o olho não recorta.

Conheço o meu país
mas não o conheço de dentro.
Também não o conheço de fora.
Conheço-o de lado.
Quer dizer que o conheço
sem relevo.

Muito curioso esse país rasante
como um voo rasteiro.

Meu país bicho-de-concha
para dentro de sua casca
sem contorno.

Muito curioso esse país no escuro
sem local exato de pouso
para os dedos.

Muito curioso esse país de cheiros
sem apoio.

Muito curioso
e muito interessante.

O termo é este.

Um país interessante
é como uma mulher em estado interessante?

Uma mulher em estado interessante
sempre acaba
em trabalho de parto?

inevitavelmente? não há outra saída
além daquela prevista na barriga?

Um país muito barrigudo
é uma mulher inchada —
de bazófia ou filhos?

A comparação não cabe, entre pessoas

estados, de corpo, alma
                                    e federativos?

Ou cabe até demais?

*É isto mesmo:*
*Tudo cabe em um país.*
Ou não?

Como tirar a dúvida?
Por exclusão
do que primeiro?

estados? almas? pessoas?
o que fica? sobra? federação? filhos?

O que faço
se não controlo as respostas
pela boca; assobio?

Deixo passar em brancas nuvens
o que o olho não viu
se tinha cores?

Por que não me conformo
pelo meu país a gastar menos
a só usar uma narina e um dedo?

Por que o anseio
de vir a conhecer a raiz dos cheiros
relevos posição dos corpos mares rios
rotas ares esquadrias?

Tão sentimental vou indo
olhos de leitura sem legenda
e boca sem sentenças

indo estou voltando
ao ponto de partida

No escuro meu país é simples.
Dois sentidos bastam.
                      E sobram.

Sem nenhum sentido
meu país teria
            a mais perfeita ordem.

## termos de comparação

São lidos por especialistas
um pequeno círculo
            ávido.

A avestruz é um bicho-raro.
O poeta uma ávis-trote.

A avestruz engole
            tudo: parafusos em princípio.

O poeta não
            digere uma
                única partícula.

                Tudo: fica-lhe atravessado.
no papel, para tanto
            estraçalha e regurgita —

            ei-la: a Arte!!

Com quantas letras escreve-se "destroço"?
e "pútrido"?
            com quantas, "estrutura"?

Para escrevê-las
com quantos dentes mastiga-se?
para romper certas palavras
o que se morde? o que sangra de início,
            a língua?
Mas quem morde a língua

            é o arrependido,
            o que se cala.

            Por isso a avestruz
            é o bicho cândido.
            O poeta, o tão difícil.

Todo mundo sabe que ela é simples.
Cada enciclopédia a determina.

Ninguém confunde
a localização das plumas
o bico contra o peito: direção na fuga

o parafuso dentro
    do estômago.

    Vamos devagar com os poetas.
Por que são aves?
    Porque regulam o peso de seus braços
    e conforme cismam — voam.

    Ávis-trotes porque pulam
inesperadamente
    e quebram os braços.

Lidos por um grupo ávido.
Por que ávido?
    por que de especialistas?

    por que lidos?

Porque: —
    não engolem
    nem recusam

    porque atrapalha
o comum espetáculo circense
do parafuso descendo pelo esôfago
    o seu engasgo, o seu espasmo.

Porque são
    intrusos.
    Não se aceitam ávis-trotes
nos circos  — Não comem espadas
    muito menos fogo.

Porque não se juntam
ao comum dos espectadores
na arquibancada
                mansamente digerindo sobras.

Porque não têm país certo
assinalado no mapa
como sói acontecer às avestruzes.

Seu país é
                Nenhures.

Terra de difícil acesso
sujeita tanto
                aos roedores

quanto à ação
                das irradiações atrozes.

        Em Nenhures
os acontecimentos desencadeiam-se fatais
                ou, ao contrário, lúdicos.

                Por exemplo em Nenhures
as unhas crescem
                sozinhas do solo
simples para
                beliscarem certas
                zonas glúteas

É o cúmulo! — dizem todos —
É impensável!

Num país sujeito a irradiações
e à fatalidade
as unhas crescerem
e para isso!

Por isso os especialistas se interessam
Por isso sabem
São especialistas, por isso
                poucos.

A ávis-trote
— nome científico, o vulgo a conhece por poeta —
também
é estudada nas escolas
fora do círculo.

Mais escassas fazem-se as respostas
a curiosidade nas crianças amaina-se
acalma-se, o poema: ovo choco muita vez
            pois o poeta é fase histórica
            não escapa —

raramente põe-se
            como objeto de estudos.
De seu autor, pouco provável que se tenha
uma noção menos confusa.

            O povo aclama a avestruz!
            as plumas! ah!
            a esplêndida
            aventura audaz do parafuso!

## circunvoluções e invólucro

Não tenho medo de ir à lua.
Vou
Volto
Continuo
dentro
da
cápsula.
Não sou astronauta
coisa nenhuma.
Sou
o único
remanescente
de uma
consciência
cheia
de nódoas? — Nunca.
De nós-pelas-costas.


## maioridade da mãe

Aberta a porta da rua
por ela escaparam curiosas
crianças-criaturas-transeuntes
luminescentes tortas rebarbativas.

Gritaram pela porta aberta:
São suas
e da casa saem.
Não são minhas
não é meu o peso
que me escapa pela porta —
    devolvi como resposta
    como devolução definitiva.

## o miolo do sonho e o dente de alho

Quando percebi que os meus sonhos
não eram os sonhos dos meus sonhos
acordei estremunhada.

Ao verem meu rosto de sombra
Perguntaram:
Foi insônia?

Respondi:
Foi o contrário.

Ontem à noite ao invés de alhos
por temê-los no olfato
(afinal não sou uma rosa?)
decidi foi comer nuvens.
Conclusão?

Elas incharam.
E os comedores de alhos?

Não veem o barulho que fazem
rindo às bandeiras soltas?

De que se riem? Das sombras?
A que rescendem? Não temem?

Não temeram o seu cheiro: transpiraram.
Não pegaram no sono: o soltaram.
Não perderam a cabeça: a ganharam.

~

**meio metro**

Sou um homem pequeno:
      meio metro de altura.
Mas caminho ereto:
      sem quase exagero.
Por isso me julgam no caminho certo:
      um homem simples:
pouca estatura; nenhum complexo.

Mas há engano de perspectiva.
Sou muito difícil:
      apesar de pouco.
      Tive início quando nasci.
      E até hoje não me refiz:
      o
ter começado no momento exato,
      para os outros —
      não para mim.

Para mim foi:
    brusco.
Para os outros:
    tácito.

Pronunciei as primeiras palavras
    logo
    as segundas.

Depois de muito esforço consegui
    articular finalmente:
    "mundo".

Aí me deram as costas e disseram:
"ele já fala".
Eu gritei.
Passaram-me uma pequena luz aconselharam:
"conta até cem".

O sono não veio. Nunca veio.
Depois do número cem
contei os outros números.
Alguém me avisou:
    "cuidado.
    Tem o problema
    da infinitude".

Muito tarde.
    Continuo,
    dizendo números.

No intervalo entre os números,

falo.
É complicado. Confunde.
Faço uma pergunta simples e respondem:

"Não posso dizer de cabeça.
    A soma é muito grande".
E se insisto que se trata de palavras,
    Retrucam:
        "Mas elas são tão improváveis!".
    Impossível somá-las: diluem-se.

Não sou compreendido. Nunca o fui.
Pedi sono e dois dedos de prosa
    E recebi foi um impulso —
    precipito-me
principalmente
    depois que passei de cem.
"É um problema de disciplina"
insiste o médico da família.
"Feche os seus olhos e aguarde."

"Não consigo" — respondo —
    "Sinto cócegas."

"Em que parte?"

A pergunta me ofende.
Todos sabem que sou casto.
Como posso eu conhecer o meu corpo
se a contagem me impede que pare
e respire fundo?

"É orgulho"
      diz o padre.
"O infinito não é para o homem."

Isto eu sei. Sempre o soube.
Desde o dia em que:
      nascido de parto natural
bati de ponta-cabeça/contra a vida —
      sem artifício.

Mas não fui eu que a quis —
      esta procura do longe.
Quiseram-na por mim os outros.
      Escondidos.
      Pergunto:
      os outros que são
      o mundo?
      Estou só.
      Nenhum laço.
Desatamento ao contrário.

    O mundo
não corre o risco de vir ao mundo
      (eu que corri)
pois que é o próprio.

Em decorrência não teme a vida
Já que não veio,
      (eu que a temo).
E ainda que vindo
      Não poderia; nascido
Bater de ponta-cabeça

Pois que nunca está para baixo
Tampouco está para cima.
A cabeça, além disso, lhe falta.
Outro argumento/de peso (ausente?)

Comigo é o oposto.
      Ou estou com a cabeça de um lado

      Ou estou com ela de outro.
(Será isto por causa da altura?
Se meio metro é medida pouca
Ao menos que seja vária.)

      E se caio apesar de mínimo
Um tombo faz sempre barulho

      Já o mundo...

      Que enorme meu Deus
      Que fácil

... É redondo!

afonso henriques neto

**uma noite**

o tio cuspia pardais de cinco em cinco minutos.
esta grama de lágrimas forrando a alma inteira
(conforme se diz da jaula de nervos)
recebe os macios passos de toda a família
na casa evaporada
                      mais os vazios passos
                      de ela própria menina.
a avó puxava linhas de cor de dentro dos olhos.
uma gritaria de primos e bruxas escalava o vento
        escalpelava a tempestade
                pedaços de romã podre
                no bolor e charco do tanque.
o pai conduzia a festa
                qual um barqueiro
                a puxar peixes mortos.
nós
    os irmãos
             jogávamos no fogo
            dentaduras pétalas tranças
            fotografias cuspes aniversários
            e sempre
            uma canção
            só cal e ossos
a mãe de nuvem parindo orquídeas no cimento.

**texto**

> *Oh espina clavada en el hueso*
> *hasta que se oxiden los planetas*
> Federico García Lorca

O texto, escura escama, pesadelo de eternidade,
máscara densa do universo vomitando.
O texto, mas não a energia que o pensou,
interrogando a simultaneidade absoluta.
Há uma esperança nas ruas, nas pedras, no acaso
de tudo, uma esperança, uma forma suspensa
entre o aparente e a essência, entre o que vemos
e a substância, uma esperança, uma certeza talvez
de que o rio não se dissolva no mar, de que
o ínfimo, o precário, a voz, a sombra,
o estalar das carnes na explosão
não se dispersem no todo, impensável medusa da
                                                  [inexistência.
Há uma luz qualquer sonhando integração, o suposto
destino dos ventos, das energias globais, a suposta
sabedoria com que o homem fecundou a crosta
envenenada do planeta, há uma luz qualquer
ensaiando águas pensadas no eterno esvair-se,
abstrato expansionário, há uns olhos além
da frágil realidade, da terrível matança, da
cruel carnificina entre seres pestilentos aquém
da fronteira do sonho, um texto além do texto,
uma esperança talvez, enquanto somos e nos cumprimos,

enquanto somos e nos oxidamos, enquanto
somos e prosseguimos.

⌣

## das unhas cotidianas

Pulmões de petróleo e nicotina e rádio.
Nabos maduros
minas
abortadas.
Montanha primordial
minério dos automóveis intestinos de lata
de um morro havido
apocalipse de fatos.
Canções ardendo no subsolo
vazio labirinto das máquinas.
Beterrabas maduras
secaram-se sob
há um sol seco.
Apocalipse de fetos.
Imantadas televisões radares
colmeias do global acampamento
lá fora cá dentro
barbas e deserdados ossos da impostura
se condenam
confessionários de moscas.
Oh liberdade dos aptos
que papéis monstruosos
músculos das trucidadas árvores
circulam no empedrado vento
signos do nada ao nada?

Martelem os d(m)entes computadores tortos
oh tantos porcos suando.
Frutas: legumes: fumaça
podre mar zumbidor
por que lado consolar a bomba?
Sapatos no chão.
Jogo-os pela janela
(na rua, pulmões)
ligo o chuveiro
saio.

❤

## dos olhos do não

se lhes derem Kennedy ou Kruschev ou De Gaulle
não acreditem nesta única realidade
neste implacável colar de conchas de ar

se lhes derem os códigos os gestos as modas
não acreditem nesta enlatada realidade
nesta implacável aranha de invisíveis fios

se lhes derem a esperança o progresso a palavra
não acreditem na imposta realidade
na implacável engrenagem das hélices de vácuo

aprendam a olhar atrás do espelho
onde a história jamais penetra
a profunda história do não registrado
aprendam a procurar debaixo da pedra
a história do sangue evaporado

a história do anônimo desastre
aprendam a perguntar
por quem construiu a cidade
por quem cunhou o dinheiro
por quem mastigou a pólvora do canhão
para que as sílabas das leis fossem cuspidas
sobre as cabeças desses condenados ao silêncio

◢

## torno a repetir

o papel para sempre em branco.
entanto o poeta bebia o dia.
era um banco de jardim
mas a mariposa cuspia luz e lua
as coisas passeavam.
papel branco de todas as palavras.
um ritual acima do anjo
acima do entendimento celestial
por isso todos viam
o poeta sonhar incólumes avenidas.
e as avenidas eram avenidas
não um gracejo de óleo inexistido.
o papel ou branco se ardia.
o poeta nem ao menos
ou desenhando o dia.

## quase cinza

eu sei onde ladram os ventos pelos ladrilhos
dos mistérios inexistentes.
eu sei de que matéria esta sensação de derrota
é feita, moldada, entre instrumentos de tortura
e pálpebras e espelhos amassados.
eu sei dos que falam no escuro a flauta da voz
das fábulas.
eu sei através do vídeo o vácuo do sangue atrás e além
da imagem, violentos planetas vomitando o drama.
eu sei as tartarugas infinitas,
os bodes expiatórios.
os lavabos cheios de unhas vivas.
a eternidade do gesto humano
morrendo no longo tombadilho.
sei das certezas e incertezas verdes.
sei do resumo de tudo dançando na chuva mais cotidiana.
só não sei do teu sorriso se diluindo em nuvem.
só não sei do teu corpo quase infantil
de mulher amanhecida.
só não sei do timbre de tua voz
entre borboletas e musgos fluindo do único verbo.
só não sei do opalescente rastro de teus pés
entre cachoeiras apagadas.
só não sei da galáxia a resumir vazia
o silêncio mortal de tua alma quebrada.
ai de mim
que eras ouro e breve.

## flash

sabemos inexistir paisagem
quando captamos
atrás
através do fotograma
da mente
a poeira de sol do vale de Neckar
no de Hölderlin o olhar
selvagem e confundido
líquida voz do carpinteiro Zimmer
grr-ii... t... Tan-d ooo o
sem voz
pelo almoço
ouro estelar
luar
entre duas sílabas        de um poema
    sentimentos
não
um mastigar pedras/vertigens    espuma?/loucura?
                                                           dissolução?/incêndio?
sacar da paisagem o que não existe
    aprendemos

## poema

A paisagem não vale a pena.
Pesa dizê-lo assim tão duramente,

mas o que posso fazer contra os mascarados
que penetraram os altos muros
e agora coabitam os aposentos desolados?
Já não vale a pena a manhã.
Os embuçados chegaram em surdina
e foram destroçando todos os pilares,
todas as primaveras, as lúcidas esperanças,
vultos tão horrendos que paralisaram o dia.
A noite não significa mais nada.
As casas dormem e não significam nada.
O vento cortou-se em mil fatias de desespero.
Que dimensão canta além da treva,
a face repousada, os olhos claros?

◆

**nem a morte**

música das coisas suando em minha pele,
na noite humanizada da pele, o anjo cego,
o sol caolho, música, música de todos
os desesperos, de todas as azuis diabruras
e terríveis cósmicas gangrenas, o silêncio
de estrela, o branco tenso da cicatriz.

não quero enxugar o suor do morto.
não quero nunca mais sofrer a lenta
corrosão de minha tia na cama cheia
de farelos de câncer, oh jovem voz
antiga em corpo roído, pobre música
das coisas ditas sem resultado.

não quero pintar o lábio da morta.
vestir a nudez de ausência. dependurar
os brincos de lágrima. não quero o sal
amargo de crianças sangrando no fundo
palco de um teatro mais negro que a negra
composição de música a navegar sem braços.

porquanto persigo a música que não sei.
pois sei pouco, três ou quatro poetas,
pedaços de sistemas filosóficos, restos de
programas televisados, poeira dos sonhos
nunca lembrados, um rádio na infância
e esta música a me esculpir no vago.

nem sei o cantor capaz de espantar
o bicho. ele me espia do corredor,
sorrio para ele, somos um, o vento
soca a porta, minha mulher ressona,
o homem é a extrema estrela desesperada,
estou calmo, não é preciso fazer nada, nem a morte.

vera pedrosa

**the plot thickens**

Na carta à irmã
ele escreveu —
era sete de maio —
como via as folhas
escolhendo a direção
de se abaixarem
dançando
sob a chuva.
Fazem muito bem
em não permitir
— registrou —
um enterro cristão
aos suicidas
que só transitam
de uma morte a outra
num labirinto frio e azul.
Me abandonando
queria mesmo que
falecesse.
Se estava
tão deprimido
com o olho duro de araponga
como me contaram.
Escreveu-me dizendo
que faria um estrondo e o topo

do crânio seria
feito em mil pedaços
que se alojariam
com massa branca e cinza e sangue
nos ladrilhos da cozinha.
Estou te escrevendo,
continuava a carta,
da mesa onde janto,
um dia cheio de presságios
me lembrando
de como a gente olhava
as árvores
no jardim da viúva
da janela estreita
do quarto do avô
o velho sempre de chinelos
macios de couro marrom
o vento empurrando um galho
contra o batente.
Ah, Henrique, não posso
levantar a cabeça
que te vejo com rosto de morto,
as pálpebras vazias.
Tuas mãos são como plantas
que qualquer remuo
dobra
teu olhar flutua
onde olho.

## sonho do vestido violeta

> *Le rêveur de la nuit ne peut*
> *énoncer un cogito*

Descobri o cadáver muito mais tarde
no meio de uma viagem.
Passava por regiões
de passado futuro
o trem atacado por índios atarefados
ruínas negras de megalópoles de concreto
E tendo achado o cadáver
soube que me haviam enterrado
com meu vestido de seda violeta
um vestido precioso anunciador
da precognição da morte.
Então determinei
que desencarnassem o cadáver
e enterrassem a ossada límpida, polida
numa cova de terra úmida
enquanto a multidão de índios
sem real perigo
cercava o cemitério
mas depois se dedicava à tarefa muito mais séria
de destroçar as vigas que sustentavam nosso teto.

## cortejo

Tendo estado
toda uma tarde
ouvindo
um tempo branco
sentindo dedos de água
descidos da noite.
Figuras
surgem paralelas
como saídas agora
da cal da parede.
Ali onde a sombra joga
na brisa de outra água.
De perto,
a superfície do muro
para:
distração.

## fars

Foi há tanto tempo e entre amores
decisivos
cataclismas
criações confinamentos jaulas
aeronaves
trens.
Foi antes das exposições de motivos.

Houve uma época
tão descansada em que
desde que se tivesse
uma janela em movimento
ele era imagem
deslizando ante folhas.
Se estendia embaixo de árvores
entrava em corredores
saía de portas.
Na areia ele era
as manhãs do desejo mais difuso.
Quando havia cinza no mar
era ele que estava
(de suéter)
na antepenumbra molhada.
Quando era noite
ele era quase raiva, na espera.
Doce e nu, sentado no banquete
numa horta de alfaces
sonhei com ele esta noite.

―

Não se ouvem mais o vozerio, as intermitências,
clamores ou batida de martelos, pregos,
alguém que lixa uma tábua.
Estou um instante só na sala.
Batalhei para fechar a janela.

## fim de dia

Quando choveu o ar está
com água pesando
e passam aves rápidas
manchas indecisas
sombras
concentração de névoa
e do alto se vê
o topo da árvore
e as flores laranjas
desse flamboyant
vibram com o movimento
acelerado
do esôfago ao estômago.
O dia desenrolou
vagaroso o tédio recolhido
armado
sob um prisma de cristal ao lado
de um paralelepípedo de vidro verde
sobre a mesa preta
com objetos de prata.
A noite se aproxima.
Você pediu chocolate
veio na bandeja
os biscoitos meio moles.
Faz-se o gesto de afastar
cinco jornais amarfanhados
de cima do pano claro do sofá.
Que fazer com a tomada solta

a lâmpada queimada
o passe-partout amarelecido?

◆

Sai se esgueira
pela sala adentro
pelo corredor
de onde volta
trazendo o leite do irmão
Fez um frio súbito
teve fome
como um gato
céu abaixo se despeja
uma água de chumbo

—

**para lívia**

Pensar que tua avó
criou-se nessa chácara
(onde ao pé da
mangueira desenterraram uma vez
um caco)
com todos os córregos
e os brinquedos chegavam
da Europa numa mala.
Os pés de lichi o bisavô
mandara trazer da índia
(se dizia lichia).
Faz frio no jardim

descido da mata
(flanco que ilumina e
umedece
esse cansaço de retorno).
Onde tua tia-avó
delimitava áreas
de horror e solidão.
Pensar que passavam os dias
encolhidas
(embaixo dessas árvores)
em pontos de sombra.

---

### edifício

Veio no cartão-postal da ponte
aquela luz branca demais brumosa
e de repente me vi
diante do mesmo edifício branco
corpos se separando
na maresia

# antonio carlos secchin

**tempo: saída & entrada**

No tempo de minha avó
meu feijão era mais sério.
Havia um ou dois óculos
me espiando atrás
de molduras roídas.
Mas eu era feliz,
dentro da criança
o outono dançava
enquanto pulgas vadias
dividiam os óculos.

Dentro da criança,
as pulgas espiavam
o outono vazio,
dividiam minhas molduras
roídas por óculos vadios.
No tempo de meu feijão
minha avó era mais séria.

**ver**

O dia. Arcos da manhã
em nuvem. Riscos de luz
como vidros arriados.

O claro. A praia armada
entre a sintaxe do verde.

Áreas do ar. Aves
navegando as lajes
do azul.

**inventário**

um urso caolho
um piano antigo
seu silêncio de madeira
cheio de fugas pra brincar lá fora
passarinho morto na janela que nem um tambor quebrado

**visita**

O verso era um abraço salgado
que os peixes telegrafaram.
Era um cisne louco

bicando o amor.
Era o secreto frio
trancado na boca.
Era o tempo roendo os móveis,
os olhos, a conta de gás.

～

O meu corpo se entrelaça
ao suspiro, e gira e caça
no concreto de um soluço
essa pele decifrada
pelo espaço de meu sangue.
E com fúria e flama
não derrubo o que me abarca,
nem rebato à minha posse
as premissas do que sinto:
eu devoro o meu amor,
arbitrário como um cinco.

～

### aviso

desfiz noivado
vendo sem uso
almofadas soltas
jogo
mesinha mármore rosa
cama sofá arquinha.

(*adaptado de anúncio do* Jornal do Brasil, *5/10/69*)

Não, não era ainda a era da passagem
do nada ao nada, e do nada ao seu restante.
Viver era tanger o instante, era linguagem
de se inventar o visível, e era bastante.
Falar é tatear o nome do que se afasta.
Além da terra, há só o sonho de perdê-la.
Além do céu, o mesmo céu, que se alastra
num arquipélago de escuro e de estrela.

## a fernando pessoa

Se é corrigir o que se foi,
e pensar o passado na garganta do amanhã.
É crispar o sono dos infantes,
com seus braços de inventar as buscas
em caminhos doidos e distantes.
É caminhar entre o porto e a lenda
de um tempo dardejado contra o mar.
Domar o leme das nuvens, onde mora
o mito, a glória de um Deus a naufragar.

Uma ovelha me ama de repente.
O seu sono é para o sêmen dos pastores,
que nela vão depondo com cuidado
seu suor, seus capins e seus amores.
Eu a tenho com vigor bem vagaroso,

e sua baba à minha boca se condena,
e tanto meu desejo não se esquiva
quanto mais o seu berreiro me acena.
Amante e amada em grama e gozo confundidos,
as espigas se envergonham, se vergando ao jogo aberto.
Permutamos nossa pele, confidências e ganidos,
e meu pênis se proclama nessa vulva que penetro.

♥

Há um mar no mar que não me nada
e não se entorna em ser espuma ou coisa fria.
Me sinto cheio de palavra e de formato,
murado em mim sob a ciência desse dia.
Na sonância do que vive,
minha fala é desistência,
e dizer é corroer o que se esquiva,
reter na letra a cicatriz do som vazio.
Sou apenas quinze avos da loucura
a dar um nome à ironia do que dura.

✦

Uma palavra, outra mais, e eis um verso,
Doze sílabas a dizer coisa nenhuma.
Esforço, limo, devaneio e não impeço
Que este quarteto seja inútil como a espuma.

Agora é hora de ter mais seriedade,
Senão a musa me dará o não eterno.
Convoco a rima, que me ri da eternidade,
Calço-lhe os pés, lhe dou gravata e um novo terno.

Falar de amor, oh pastora, é o que eu queria,
Mas os fados já perseguem teu poeta,
Deixando apenas a promessa da poesia,

Matéria bruta que não cabe no terceto.
Se o deus frecheiro me lançasse a sua seta,
Eu tinha a chave pra trancar este soneto.

# flávio aguiar

**minuano**

A chuva escorre na vidraça: na rua, o vento uiva.
E geme, na árvore dobrada.
Lembrança — o vento pertence ao campo.
Uma rês geme, vagabunda, gotejante: o vento
/a corta, como faca.
Estranha faca: gelo e água.
O vento nasce e morre no horizonte: o mundo
/é redondo.
E no entanto o tempo passa:
Do campo, o vento chega arrefecido na cidade.
Protegido no copo de conhaque, divirto-me
/como os desenhos abstratos
Que desenha em gotas na vidraça.
E no entanto o vento uiva, mesmo na cidade:
/tem presente seu passado
Mais estranho: o mundo é redondo, o vento
/nasce e morre no horizonte;
E sempre prossegue rumo ao norte.

OLHO PARA O PIO LUMINESCENTE
ENQUANTO A CHUVA ESCORRE NA VIDRAÇA
E NOS OFUSCA, TONTOS DE TANTA LUZ.
TUDO SE DEIXA VER MAIS CLARO:

CONTINUAMOS A CONTEMPLAR A SILENCIOSA NATAÇÃO
/DO OUTRO.
EM VERSOS, A VIDA COBRE O PÁTIO
/COM ESTÁTUAS BRANCAS
E ATRAVESSA A SALA; DEITANDO NA VITROLA.
NAVEGO SOLTO NA CORRENTE, RUMO
/AO ESQUECIMENTO VAGAROSO
DA LUTA, DO CARROSSEL, DO CIRCO INTEIRO.
DA JANELA, A AVE MIGRATÓRIA.

◆

**pampa e circunstância**

Na janela, mágico, o desvio: nasce
/um raio de sol
E atravessa a sala, deitando na vitrola.
No desvão entre os caixilhos, a lembrança
/de coxilhas — o entardecer, vento
E campo, onde o olhar se horizonta.
A música desliza, queimando, garganta abaixo.
No disco, a voz flutua em círculos.
De par em par, a terra se esplaina em pampa.
A terra aberta, coxas de mulher ao sol, entregue
/ao zumbido morno das cigarras.

◆

**orate fratres**

No poço fundo do mundo
Encontrei minha bela irmã.

Aquela que nunca tive,
Aquela que não terei.

A vida se compra pronta,
O mundo roda sem festa.
Minha irmã tem cabelos longos
E traz um lunar na testa.

À beira do poço esquivo,
Hesito se pulo ou recuo.
No espelho claro e escuro
A lua a meus olhos uiva.

⌣

Eu quero que se cubra de geada
/tua roupa.
A luz é mais que o colorido
/e oculta a fantasia.
A verdade, nascendo,
/percorre o dia
Em tua face: gelo evaporado,
/enigma reposto.
E por outros rumos a história continua.

⌢

**velhice**

Minha avó atravessara o pampa de carreta
/cortando a cerração e a geada.
Em Rivera, seu pai servira cerveja de graça

/a tropas de algum caudilho
E eles diziam "agradece, alemão de merda,
/que te deixamos vivo".
Ela chegou de barco a Porto Alegre.
Com tanto navio e mastro, a cidade parecia
/um circo de cavalinhos.
Ali era a rua do Arvoredo;
/hoje se chama Fernando Machado.
Minha avó não toma banho de chuveiro.
No inverno, põe um balde d'água no sol
/para esquentar um pouco.
E continua vivendo.

TENTEI TE DIZER O QUE SENTIA:
A COISA NA GARGANTA
ESPALMAVA MÃOS VERDES PARA O ALTO.

CORTANDO A CERRAÇÃO E A GEADA,
A RUA, RECÉM-ÚMIDA, SECAVA EM QUADRO:
MANHÃ DE OUTONO, QUANDO ERA INFÂNCIA.
JUNTOS, HOJE, SOMOS OUTROS.

## córdoba, argentina

Estoy tan triste y lejano.
Nada extraño, todo es cotidiano...
Yo tengo ganas de morir.
Pero yo quería morir en Córdoba,

/Córdoba, Argentina,
Donde uno muere por la mañana.
En otros tiempos los hombres morían en Madrid,
/noche que noche nochera ya decía Lorca
Que se murió en Granada.
Hoy en Córdoba uno muere al empezar la mañana.
Pero no es necesario morir. Me gustaría vivir, vivir
/en Córdoba, Argentina,
Para ver la mañana cambiar el rosto de hombres y mujeres
En murales sin miedo de su transparencia.
Yo me plantaría en la Plaza Central de Córdoba,
/de Córdoba y del Continente
Lleno de vida y muerte tempranas, con el rosto
Quemado por la libertad, loca fantasía,
Riendo com las flores y hogueras
/que nacen por las calles.

―

Às vezes é preciso abandonar o barco,
A luta, o carrossel, o circo inteiro,
E partir como ave migratória para o norte
Em busca de terras de verão e sol,
Mas quando isto for preciso
Que se faça com rosto limpo,
A face descoberta e voltada para a frente,
Que não haja mentiras nem tristeza.
Queimem-se as lembranças, quebrem-se
As garrafas; enterrem-se cinzas e cacos.
Seja-se até os ossos mais frágeis
Uma ave migratória: a volta existe
Mas é outra história, e não desculpa
A permanência no ponto de partida.

ana cristina cesar

## simulacro de uma solidão

**30 de agosto**
Hoje roí cinco unhas até o sabugo e encontrei no cinema, de chinelos de couro, um menino claro às gargalhadas. Usei a toalha alheia e fui ao ginecologista.

**9 de setembro**
Tornei a aparar os cachos. Lúcifer insiste em se dar mal comigo; não sei mais como manter a boa aparência. Minha amiguinha me devolveu a luva. Já recebi o montante.

**28 de agosto**
Dia de festa e temporal. Aniversário da Tatiana. Abrimos os armários de par em par. Não sei por que mas sempre que se comemora alguma coisa titio fica tão apoplético. Acho que secretamente ele quer que eu... (Não devia estar escrevendo isto aqui. Podem apanhar o caderno e descobrir tudo.)

**5 de agosto**
Ainda não consegui fazer filosofia, versos, ou colar retratos aqui.

**30 de janeiro**
Que nostalgia no ar, meu Deus!
Hoje fui à casa da Ana levar um presentinho. Às vezes tenho a impressão de que esses presentinhos constantes são um

embaraço. Eu se fosse dona da casa não permitiria certas coisas. Me dá um *ennui*, eu fico enjoada de ver tanta ignorância. Como as pessoas se ignoram! Depois de todos esses meses Sérgio resolveu dar o ar de sua graça.

**8 de julho**
Nós estamos em plena decadência. Eu e você estamos em plena decadência. A nossa relação está em plena decadência. Quando duas pessoas chegam a se dizer isso tranquilamente, é sinal de terra à vista. Nem tudo é um naufrágio na vida. Mas um dia eu ainda me afogo no álcool.

**30 de novembro**
Rita marcou hora comigo e não apareceu. Há muito tempo que eu não me sinto tão deprimida. Acho que vou ligar para a

**9 de agosto**
Primeira fotografia que deve entrar para o álbum: um entardecer primaveril no Parque da Cidade. Preciso comprar cola. Soube de fofocas em relação ao beijo de ontem. Como a Tatiana está obcecada com as suas fantasias! Eu ainda começo a me sentir envolvida. Queria voltar ao atelier, leiloar tudo se necessário. Mas sentir as mãos livres, os passos soltos! Minha vida chega a um impasse.

**10 de agosto**
Estou lendo um manual de alemão prático. Tenho ido à praia. Vi o Joel de manhã, com a mulher dele.

**8 de julho**
Recomecei a ginástica. Hoje quase me matei antes do almoço. Fez um dia quente para a estação. Amanhã começo o

estudo com os gêmeos. Apesar de tudo eu tenho restrições. Mas o que se há de fazer?

---

## flores do mais

devagar escreva
uma primeira letra
escrava
nas imediações construídas
pelos furacões;
devagar meça
a primeira pássara
bisonha que
riscar
o pano de boca
aberto
sobre os vendavais;
devagar imponha
o pulso
que melhor
souber sangrar
sobre a faca
das marés;
devagar imprima
o primeiro
olhar
sobre o galope molhado
dos animais; devagar
peça mais

e mais e
mais

---

**psicografia**

Também eu saio à revelia
e procuro uma síntese nas demoras
cato obsessões com fria têmpera e digo
do coração: não soube e digo
da palavra: não digo (não posso ainda acreditar
na vida) e demito o verso como quem acena
e vivo como quem despede a raiva de ter visto

---

**arpejos**

**I**

Acordei com coceira no hímen. No bidê com espelhinho examinei o local. Não surpreendi indícios de moléstia. Meus olhos leigos na certa não percebem que um rouge a mais tem significado a mais. Passei pomada branca até que a pele (rugosa e murcha) ficasse brilhante. Com essa murcharam igualmente meus projetos de ir de bicicleta à ponta do Arpoador. O selim poderia reavivar a irritação. Em vez decidi me dedicar à leitura.

**2**

Ontem na recepção virei inadvertidamente a cabeça contra o beijo de saudação de Antônia. Senti na nuca o bafo seco do susto. Não havia como desfazer o engano. Sorrimos o resto da noite. Falo o tempo todo em mim. Não deixo Antônia abrir sua boca de lagarta beijando para sempre o ar. Na saída nos beijamos de acordo, dos dois lados. Aguardo crise aguda de remorsos.

**3**

A crise parece controlada. Passo dia a recordar o gesto involuntário. Represento a cena ao espelho. Viro o rosto à minha própria imagem sequiosa. Depois me volto, procuro nos olhos dela signos de decepção. Mas Antônia continuaria inexorável. Saio depois de tantos ensaios. O movimento das rodas me desanuvia os tendões duros. Os navios me iluminam. Pedalo de maneira insensata.

◂

## algazarra

a fala dos bichos
é comprida e fácil:
miados soltos
na campina;
águias
hidráulicas
nas pontes;
na cozinha
a hidra espia
medrosas as cabeças;
enguias engolem
sete redes
saturam de lombrigas

o pomar;
no ostracismo
desorganizo
a zooteca
me faço de engolida
na arena molhada do sal
da criação;
o coração só constrói
decapitado
e mesmo então
os urubus
não compareçem;
no picadeiro seco agora
só patos e cardápios
falam ao público
sangrento
de paixões;
da tribuna
os gatos se levantam
e apontam
o risco
dos fogões.

✒

## jornal íntimo

*à Clara*

### 30 de junho
Acho uma citação que me preocupa: "Não basta produzir contradições, é preciso explicá-las". De leve recito o poema

até sabê-lo de cor. Célia aparece e me encara com um muxoxo inexplicável.

**29 de junho**
Voltei a fazer anos. Leio para os convidados trechos do antigo diário. Trocam olhares. Que bela alegriazinha adolescente, exclama o diplomata. Me deitei no chão sem calças. Ouvi a palavra dissipação nos gordos dentes de Célia.

**27 de junho**
Célia sonhou que eu a espancava até quebrar seus dentes. Passei a tarde toda obnublada. Datilografei até sentir câimbras. Seriam culpas suaves. Binder diz que o diário é um artifício, que não sou sincera porque desejo secretamente que o leiam. Tomo banho de lua.

**27 de junho**
Nossa primeira relação sexual. Estávamos sóbrios. O obscurecimento me perseguiu outra vez. Não consegui fazer as reclamações devidas. Me sinto em Marienbad junto dele. Perdi meu pente. Recitei a propósito fantasias capilares, descabelos, pelos subindo pelo pescoço. Quando Binder perguntou do banheiro o que eu dizia respondi "Nada" funebremente.

**26 de junho**
Célia também deu de criticar meu estilo nas reuniões. Ambíguo e sobrecarregado. Os excessos seriam gratuitos. Binder prefere a hipótese da sedução. Os dois discutem como gatos enquanto rumbas me sacolejam.

**25 de junho**
Quando acabei O jardim de caminhos que se bifurcam uma urticária me atacou o corpo. Comemos pato no almoço. Binder me afaga sempre no lugar errado.

**27 de junho**
O prurido só passou com a datilografia. Copiei trinta páginas de Escola de mulheres no original sem errar. Célia irrompeu pela sala batendo com a língua nos dentes. Célia é uma obsessiva.

**28 de junho**
Cantei e dancei na chuva. Tivemos uma briga. Binder se recusava a alimentar os corvos. Voltou a mexericar o diário. Escreveu algumas palavras. Recurso mofado e bolorento! Me chama de vadia para baixo. Me levanto com dignidade, subo na pia, faço um escândalo, entupo o ralo com fatias de goiabada.

**30 de junho**
Célia desceu as escadas de quatro. Insisti no despropósito do ato. Comemos outra vez aquela ave no almoço. Fungo e suspiro antes de deitar. Voltei ao

# geraldo carneiro

## belladona, lady of the rocks

você pode mexer com as quatro cabeças
sem que elas tragam algum malefício
sem que elas exalem o cheiro terroso
das raízes
você pode mexer com as quatro cabeças
e ocultá-las sob o lençol
debaixo das telhas
você pode espremer as quatro cabeças
e fazer com que escorra seu caldo grosso
para dar de beber aos estranhos
para dar de beber à família
você pode dançar sobre as quatro cabeças
sem que sintam sua falta no Jantar de Bodas
sem que sintam sua falta
depois você se tranca no quarto
e põe um disco na vitrola

## olhos de ressaca

minha deusa negra quando anoitece
desce as escadas do apartamento
e procura a estátua no centro da praça
onde faz o ponto provisoriamente

eu fico na cama pensando na vida
e quando me canso abro a janela
enxergando o porto e suas luzes foscas
o meu coração se queixa amargamente

penso na morena do andar de baixo
e no meu destino cego, sufocado
nesse edifício sórdido & sombrio
sempre mal e mal vivendo de favores

e a minha deusa corre os esgotos
essa rede obscura sob as cidades
desde que a noite é noite e o mundo é mundo
senhora das águas dos encanamentos

eu escuto o samba mais dolente & negro
e a luz difusa que vem do inferninho
no primeiro andar do prédio condenado
brilha nos meus tristes olhos de ressaca

e a minha deusa, a pantera do catre
consagrada à fome e à fertilidade
bebe o suor de um marinheiro turco
e às vezes tem os olhos onde a lua

eu recordo os laços na beira da cama
percorrendo o álbum de fotografias
e não me contendo enquanto me visto
chego à janela e grito pra estátua

se não fosse o espelho que me denuncia
e a obrigação de guerras e batalhas

eu me arvoraria em herói como você, meu caro
pra fazer barulho e preservar os cabarés

## jardim das delícias

nesta madrugada de 7 de outubro
não farei previsões de estranhos
no Parque
enquanto caminho nas mesmas aleias
que guardam traços do seu gesto claro
e a alameda das acácias exala
odores de memória e medo
"I sit and watch the children playing"
você descobre o alarido das crianças
e parece se assustar a cada grito
reverberado nas paredes de granito das
estátuas e você se encanta quando recai
o silêncio sobre as paredes ainda marcadas
de luz e estrelas.

## sobre a verdura

os insetos voavam estranhamente
sobre a verdura e a barraca de peixe
permanecia um momento intocada
em seus reflexos de luz e de prata
e você a ver navios percorria
o tormentoso labirinto da feira

se imaginava um conquistador espanhol
que se perdeu no rumo das Índias
e construiu um castelo à beira-mar
vendedoras vendedoras ficções sonoras
verdes vegetais como se houvesse
uma deusa sonhadora em cada alface
e os dragões cuspissem fogo em silêncio
emaranhados numa réstia de cebola

## a muralha da china

à semelhança
de outras noites
recordar palavras estranhas
de um velho refrão popular
à semelhança
de outros ritos
reconstituir seu ruído
escorpião ao redor da cama
à semelhança
de outros cantos
imaginar estrelas
alimentar os signos da noite
à semelhança
de outras luas
iluminar seu sono
encarcerado atrás de janelas
à semelhança de outros
sonhos
inventar a felicidade

que construímos continuamente
mesmo sem saber
que cada uma de suas muralhas
supõe a seguinte e a anterior

―

## na busca do sete-estrelo [fragmentos]

Na parede úmida
os ratos riscaram geometrias desconhecidas.
Manuel pensou
na transparência dos mortos
à luz do candelabro.
Um espelho
emoldurou a opacidade de caras invisíveis
e uma boca humana
inarticulada na rede amarela.
A sala de velório
era sórdida como um cárcere
de insetos bailarinos
minando fendas oblíquas
na alvenaria.
A noite desabou em sombras
com sua esfera sem claridade
e uma lua precária de perfil incandescente.
A cristaleira do hemisfério.

[...]

Palco Simultâneo
De todo o país

mandaram milícias
e tropa volante para buscar
Manuel um pássaro
nas ventas do clarão-cano do mundo
cavaleiro da lua feliz figura.
O gavião-real.
A polícia esquadrinhou as cidades
A volante esquartejou a serra em círculos
como um geômetra.
O governo:
— Seja vivo ou morto.
    e procuraram no céu
    e procuraram no mar
O canindé:
— Soldado vem te buscar.
Mutuns maracanãs aviões.

[...]

Trovão aéreo
o céu rachou de pássaros-aeroplanos.
Manuel trocou a lua
por líquida sorte e rumo
O rio.
Um quase córrego
onde Pedro Benedito procurava
o ouro que não mais havia.
Um ribeirão
com vacas submersas e navios
As carrancas
Manuel tocou o sereno
pelo veio seco do acaba-mundo.

Um sabiá político
cantou oferendas e uma canção imemorável.
A barranca solitária
O sonho úmido dos peixes.
As barrancas.

[...]

Movimento (2)
Um dragão mecânico
virou clarão de estanho às luzes da cidade.
Manuel bailou
no espaço da noite sem pássaros
O país da sífilis.
Os fuzis brincaram
em brancas elipses e reflexos circulares.
A sombra reluz da sombra
do fogaréu nas avenidas do povo
O labirinto.
Manuel ficou pedra estátua
nudez angulosa e ritmada
entre paredes e pânico de faróis.
No alto as janelas
com claros anjos decapitados
Cristal de anáguas.
O anjo da morte habita o beiral da casa.

[...]

— O pássaro que voa nas queimadas
é mais que pássaro            sinal
da terra     A terra é urna       pedra
doida um fogo nas ventas          do
clarão cano do mundo     a    morte
é líquida —      senhor        capitão
espada na cinta:       ginete na mão.


Depois foi cinza
Nódoa envenenada e mineral
Poeira de estrelas.

/PANO/

## joão carlos pádua

**manhã**

Matei o amor logo às primeiras horas da manhã
E o dia suspirou inenarrável;
Caminho agora até o fim da rua
Com ideias negras e vis a me povoar a cabeça:
O terror me acompanha calado.
Postetruras saborosas
Dlendlenam no esguicho da cruz
Um riso raso rasga o rosto de
José Oswald
O que faço agora de meu dia
É a desconstrução do sonho noturno.
O que faço agora de meu dia é de minha absoluta
                                    responsabilidade;
Mas o dia não é bastante para mim;
Não é bastante para o outro.
Tento portanto refazer do arbitrário
Minha dignidade pessoal.

Estou indo e vindo nesse dia
ensolarado de fevereiro de setenta e quatro;
e já não é tanto o calor;
já não é tanto a violência
dos dias urbano/tropicais;
é antes saber-se próximo
a mais um golpe da contrarrevolução.

## poema absurdo

Fechou o jornal:
A brasa do cigarro
Ficou intensamente rubra
Junto à janela
O olho do cinzeiro se
Fixou em seus pensamentos
A mão desceu até um pouco mais baixo
A noite começava a se debruçar
Sobre os edifícios

Voltou ao jornal:
Algo sobre uma dançarina de cabaré
Um crime talvez
Um marinheiro bêbado:
Caminha caía ensanguentada

O telefone tocou!
— alô!
— donde falam?
com quem deseja falar?
A voz rouca cuspiu alguns palavrões:
Alexandrino de merda!

O ritual diário
me envenena
me liquida

e por vezes
me lança fora
de órbita como
um planeta louco
em sua rota desconjuntada
pelos ovários dos cosmos

---

**poema**

Me lembro dos seis retratos de Lenine
sobre o teclado do piano
(ou seriam oito?)
O seresteiro caiu-me em cima
com a sua lábia de ladrão de camelos
(ajeitou os cabelos)
Sorria sempre
na certa pensava em quão ingrata mamãe havia sido

(crápula!)

---

Cansados da longa e absurda história
Resolvemos num ímpeto despedirmo-nos
/Calma coração
A poesia reclama paciência/

como castelos armados de fortes e fracos e folhas
práticas ou antes de ser negro ou voz ou língua de
fogo e gotas flamantes no céu de aldebarã como ontem
antes de ser assim assado ou curva de discurso que
quebra quebra prateleira prato vazio de sense tão
sonso e arquivo tão lerdo e esguio tão logo o desvio
se faça pendor de águas e porcos no pacaembu como
naquela tarde de chuva no sofá da sala de não estar
ou


Meus olhos vão beijar o rosto quente da
                                tarde
ela fala da minha morte
e eu a vejo como se fosse ontem
apenas como se fosse ontem


Teus sonhos são tuas tardes imóveis
são o quadrado dos teus olhos
   o cavalo dos teus olhos
são bocas dentro da tarde
janelas para o outro lado
     — de dentro de fora —
        são mundo

A barca do sol
    segue
    levando os mortos
    ao
    paraíso

Nesta cidade-fantasma
Onde o meu tio morava
Há um saloon sempre aberto
Aos sons mais variados
Nesta cidade os fantasmas
Não são gente
Não são nada

O vento que por aqui
                hoje
passa em silêncio
é o mesmo dos velhos tempos
          os tempos que ninguém viu
Mas que ficaram guardados na minha
                lembrança
como a poeira da estrada que trago nas botas

Em que berço dorme o
som do mar e a luz
ao céu profundo?
No berço cego

        e

é como outrora canhões
e motor
estrelas bailarinas ao
    correr do discurso

        e

é apenas onde correr os olhos futuros
sobre os automóveis
apenas desmobilizar o mundo
redecompor
perguntar

para onde foram os caminhões do Kaiser?


A Religiosa Portuguesa exilou-se em fuga pt
Atrás
    seguem
        os cães
            da
                ss

## enigma

A brasa do cigarro não perturba o teu sono
Nem o resfolegar surdo da cidade
Não perturbam o teu sono o relógio
E os bêbados na rua
Penso em tirar do silêncio
A coragem para não te acordar

## kitsch-as-kitsch-can

Óflor dolácio in kult y bela
Damala haverei
Hei de bumbar meu bode
Portodos os santos
Por todos os modus
Afim de que teu pavilhão
Soletre solto
Soletre lento
LIBERTAD

## 1974

>   (*desentranhado do poema 1914*
>   *de Carlos Drummond de Andrade*)

Desta paz mundial
Não se ouve sequer o grito gemido
        soldado vetado
A vida se perde num tanque
Num poço na Penha
Não vem nada no jornal
Ilustrado letrado falido
O mundo finaliza
Reparto contudo o que habitamos
Neste território escrachado
Que não é mundo
É fim de mundo
Amarelo deixo de lado a moça
E bolino sonetos
A vida é sempre igual a si mesma

## a revisão dos mortos

> (*desentranhado d"A visão dos mortos",
> de Castro Alves*)
>
> *Oh! é preciso inda esperar cem anos.
> Cem anos...*
> Recife, 8 de dezembro de 1865

Um grito passa despertando os corvos
É a enorme cópula do calvário
O povo grita
Independência ou Morte!
Soberbo passa o tirano
Que amassa o povo na robusta mão
O povo grita
Aonde a terra que talhamos livre?
São os mesmos mortos poeirentos lívidos
Que o cavalo pisa
O povo grita
O tirano passa
— um rei de bronze na deserta praça —

Rio, 20 de julho de 1974

luis olavo fontes

**relicário 74**

ah vida ingrata
chovem gatos sapatos lagos
há dias
impedem minha ida à praia
remate de males
o verão desaba lerdo
dezembro natal frio como teus lábios
foi-se a namorada
fugiu com um polonês de butique
pra Petrópolis
é vislumbrar a felicidade e
levar a porrada
longo caminho da testa à terra
semana passada atolei no inferno
solidão me esganou
sem mais cartilagem todo morto
telefono pra mamãe combinamos
esquiar na Europa até março
ir a muitas touradas
esquecer-te pelo menos lá tenho
Dominique Sanda que me ama

## cegueira

desgarrado rasgo
com meu pistom
a névoa


## visão

tenho vontade de ver
as coisas como realmente são
mas só consigo ver
através de meus olhos


## sol

ouvindo
o movimento dos barcos
ondas surdas
garrafas tarrafas
explodindo
à margem

nasce

## valor

a vinda
valeu a pena

noite janta
a carne viva
dia abre
a boca de tigre
ao lado na cama
gente que joga
e amansa
antes de conhecer a dança

a vinda valeu
a pena

## retrato

à noite chapadões sombreados
pintam o esqueleto das margens
o vapor resfolegante expelindo
vagalumes carbonizados
quantas estrelas tanta água
penso no meu amor lendo Drummond
com lentes de contato
nervosa e linda sublinhando adjetivos
treva ambulante

a paisagem se descasca
as mesmas estrelas
as águas que passam
meu radar está quebrado
esqueci a mentira
aclarou-se o mormaço
a noite veste cabelos louros
recém-cortados

## meu amor de soslaio

Faz tanto calor no Rio de Janeiro
que é bom sentir essa neve
partir de seu olhar

## sequências

nos encontramos no elevador
depois nos beijamos
descobrimos então que não nos conhecíamos
que éramos do mesmo sexo que
não podíamos nos beijar na boca
não dormi nada essa noite
é dia tenho um almoço curto
demais o verão com seu sovaco peludo
cheirando a ovo
um mistério

## lúcifer

um dia todos os peixes
puseram a cabeça para fora da lagoa
e me olharam

## desconstrução

nas paredes da casa resistem
fotofrangalhos de tempo

a memória se estafa no living
o futuro espera no hall
as janelas todas cerradas
encobrindo as vozes do sol

à procura de um silêncio escuto
enquanto meu olhar foge
      pela porta dos fundos

## criação

penso antes do grito
um abraço de locomotivas
            o trem

chacoalhando os líquidos
e os óvulos e ovos e
outras químicas

primeiro era só submersão
e uma fome submarina

um dia o espaço faltou
e a bolsa estourou
a vida

⁃

## fug 42

Tude a paranoia os assaxinatos têm me persg
Timamente não sei razão não devo deixar pis
Ercito principmente a insegurança a total fal
Tias polítiquis mínimis no mais nu sem sol
Emos partir viver no exilis

▸

## poema d'alba

virou dia
e o grilo
virou passarinho
tentou dormir
pra não ficar sozinho

## últimos sons da tarde

o bairro que vejo em fronte é silvestre
a blusa que ela veste organza
os sinos que oiço são de cosme velho
nas axilas del corcovado seu cheiro sexy
a tarde estremece mostrando feridas
desbravaram a mata me tomaram ela
só as andorinhas se equilibram
o sol escapuliu de fininho
trovões batem bastões de entrada
nostálgica a noite assovia
e cumprimenta os ausentes

## propriedade privada

não tenho nada comigo
só o medo
e medo não é coisa que se diga

# eudoro augusto

## &

O fio do sonho é apenas um cabelo.
Mas se ele pinta na cabeça
é bom deixá-lo crescer.

## fluência

A nuvem mais dorso e anca que rosto

A núvola bufa
arremedos & dedos & damas empinadas
incha Tamoyos hipopótamos Urais

por trás da chuva as pessoas conversam
e confessam apenas sentimentos normais

## santo antônio

Em Santo Antônio correm notícias de Otília
fria
morta com diamantes moídos

## zefirim

Apostou as botas de correr mundo
contra o enrolado novelo dela.
Perdeu.
Mas não se arrepende: vai puxando
o fio da memória a ponta da meada
a vida no maior conforto
enroscado em cobertas Zefirim sem pressa
desdobra o enigma arrepia a alma doce
de Mimi Lãzinha Fofa.

## o visitante

Entra de mansinho encosta a porta
sem pressa mas firme fala
farfala deblatera
aperta e solta mas agarra
força a barra
apronta um ouriço
que é isso? que é isso? e sai de fino

## cuba-libre. pau em matemática

Um verão outro verão
camisa berrante primeira gilete

bicicleta, goiaba secreta
delícias de matinê rosa
mucosa.

---

## gossipz

Emilia engordou
Valentina rasga o ventre
com a faca de pão.
Filipa se despenteia
para mais uma noite de pauleira

---

## exames

Na terça chegou assobiando
deu bom-dia
e recebeu de cara a novidade:
esquizofrenia.

---

## racconto

Chegada na festa de olhos vendados
e ninguém se apresenta. Mofamos
no canto calados mas o nariz desperta
(está no ar o perfume do perigo)
muita batida conversa de atropelo

joelho cotovelo
— esse ângulo, amor, é impossível —
poucos reparam na moça porque passa
uma salada, bandeja de palavras raras
com citação clássica em forma de cereja.
Circula a taça, o narguilé, risada fraca
afrouxa o cinto, o colóquio
vira circuito de peitinhos rijos
mas quando se repara já é tarde:
o penetra mordisca o damasco, cospe o caroço
identifica-se. Sou um artista, vou comê-la
e Afrodite quase distraída: por que não?
Eu também sou filha de Zeus.

## o passageiro de baghana

Lá onde vais é a tua sorte
é tu
de olhos arregalados:

onde estalam as estrelas
    de ver para sempre.

## a comadre seca

Chegou de manhã bem cedo
e já são três horas. Foda-se
a delicadeza. Acho que vou sair.

## piteira cabocla

Puro dengo
sugas do céu azulengo
o sopro que dá musgo à pedra
o sabor que inquieta a língua
esforço apenas respirado.
Mas o vento meu anjo
tem gosto apressado.

A tarde ronrona
na goela do gato.

Passam anos passam dias
enquanto acendo o cigarro.
Passa sombra traço nome
voam aves de vertigem
corre um desejo rosnado.

O sono da gaivota é o seu voo:
eu durmo e fica acordado.

## a dama esconde os segredos na manga

Alguma coisa terrível
epilepsia pais adotivos falência fraudulenta
meias rasgadas genocídio suinofilia?
explosão de gás na paz doméstica

uma carta aberta nas bodas de prata
(ou foi na lua de mel?)
quem sabe trauma banal e ameno
já se fechando em minúsculos pontos
na cicatriz junto à orelha
enigmazinho bem defendido
por quase imperceptíveis movimentos de pálpebra.

︶

**half the fun**

Cabelos palmeiras
um monte de palmeiras na praia
e juntas as crianças mijam
as barbas do sol. Amar
pode ser amargo: uma pastilha
contra a acidez mortal do dia

(no meio do caderno há sempre uma linha
que não combina)

obrigado meu bem tuas unhas machucam
a minha carne não esquece
o teu estampado da Jamaica o meu
barco à vela pouco resistem
no horizonte dourado das banhistas
(no meio do beijo há sempre uma língua
que ninguém reconhece).

Ouro nos cabelos. Uma gota de veneno
no vidro de óleo para bronzear.

## your/yher

a widon word
is as good
as a virgin
one

## ficar maluco de beijo

Desamarrar as veias feito doido
doido de hospício
nó por nó o coração
beber toda a vidinha de uma vez
viva paixão de sanguessuga
sobrevivida

(tremo-tremor de boca a boca
tateando seu nome guelfamusa
coisa muito maluca
                Ay eu amor).

# waly sailormoon

## livros de contos

Alma emputecida
Sombra esquisita
Se esquiva
Entre
Laços de Família

## jardim de alah

EMBRIAGUEZ/ cesto de caju/ claro de luna/ olor de jasmim/
[teto de estrelas.
Recostado nas almofadas, ouve leitura da ata de reunião
[da célula
Tupinambá guerreiro
Rei da Turquia
Pisa no chão devagar
Que a noite está
Que é um dia

EDEN — ARABIE

## pickwick tea

(cenas da vida teresopolitana, petropolitana, friburguense, itaipavense)
A mãe comenta o Inferno de Dante.
A moça quinze anos lê o roman La Charteuse de Parma. Fala de Balzac aussi como servindo para descrições de paisagens e ambientes de baile. Narra as aventuras pelo impossível de Candide et Zadig. Thomas Mann na estante. Michelet écolier.

Quand le maître parle j'écoute/ le sac qui pend à mon épaule dit que je suis un bon garçon.

## confeitaria marseillaise — doces e rocamboles

Caçadas
Experimentados no manejo de armas de fogo 3 filhotes infantes da burguesia empunham arma/ 1. empunha revólver/ 2. empunham espingardas.
O aéreo esmaga folhas de eucalipto de encontro ao nariz enquanto de noite sonhei com um batalhão policial me exigindo identificação/ revistaram a maloca do fundo do meu bolso/ mostrei babilaques/ me entreguei descontento pero calmamente/ nada foi encontrado que incriminasse o detido no boletim de averiguações depois de batido telex pra todas delegacias.
Vadiagem.

## emílio ou da educação

Garoto
Você é meu
Garoto
Você mora no meu coração
Garoto
Quando tiver condições
Quero morar com você
Garoto.

## self-portrait [fragmentos]

[...]
Que idade é mais própria aos meus 26 anos?
Que idade é mais propícia?
Risque da composição os períodos de obscuridade.

Minha língua — mas qual mesmo minha língua, exaltada e
 iludida ou de reexame e corrompida? — quer dizer:
 vou vivendo, bem ou mal, o fim de minhas medidas;
 quer dizer: minha grande paixão é um assunto sem
 valor; quer dizer: meu tom de voz não fala mais grosso.
[...]
 Paródia caipira.
 Corte no papo careca — som: "tou sabendo".

(Edênia e Bizâncio. Os poetas da Bahia que leem Plotino e aprendem línguas estranhas. Amor Amor Amor em que trágico cotidiano tu morrestes.)

Les illusions perdues... Educação sofrida...

Tudo isto cheira século dezesseis. Tudo isto cheira século dezessete.

Tudo isto cheira século dezoito. Tudo isto cheira século dezenove.

Um título boçal de suplemento provinciano: Significação Presente do Romance Tradicional.

Um título boçal de suplemento provinciano... Um texto antigo...

Um deus reparador e vingativo...

[...]

Esses selvagens esfarrapados perdidos no fundo do seu pântano proporcionavam um espetáculo bem miserável; mas a sua própria decadência tornava ainda mais sensível a tenacidade com que tinham preservado alguns traços do passado. sonho de um ser doente cansado de bater punheta. nirvanil. confia no Senhor de todo o coração e não te estribes no teu entendimento. no teu próprio entendimento. peguei o come quieto abri o come quieto.

Nado neste mar antes que o medo afunde minha cuca. óbito ululante: não há nenhuma linguagem inocente. ou útil. ou melhor: nenhuma linguagem existente é inocente ou útil. nadar na fonte é proibido e perigoso.

Enfraquecer e chupar o sangue da vítima.

Berra o poeta — rei do bode: estou brocha.

[...]

Self-portrait. Eu falava mal de todo mundo com minha compoteira de doces caseiros. eu era o mais provinciano dos seres. desses pichadores de ferrível língua. preciso reco-

nhecer um intelectual nordestino antediluviano, não há outra palavra, com problemas homossexuais. um intelectual rançoso ou seja uma casa pernambucobaiana cheia de frutas e águas. vou ficar contente porque sou de uma maldade total e danço por cima de minha foto adolescil. estou travando uma luta titânica contra a hidra de lerna. já não estou me reconhecendo mais neste assunto fedorento bitritropicalista tipo alfininha biscoito de louça romanesca. Teve uma hora que eu quase morri de comer manga na praça.
[...]

    Espero aprender inglês vendo TV em cores. sou uma pinta de direita com vontade de poder um baiano faminto

    baiano é como papel higiênico: tão sempre na merda. eficácia da linguagem na linha Pound Tsé Tung. sou um reaça tento puxar tudo para trás: li retrato do artista quando jovem na tradução brasileira.
[...]

Alguns apanhavam calados. Estes eram poucos. Os outros sempre revidavam, e sempre levavam a pior. A maioria apanhava e reclamava, tendo o cuidado de limitar os seus protestos aos gritos e choros. Mas havia ainda uns tipos especiais, que se haviam feito respeitar de tal maneira, que contavam com a cumplicidade e até com a capangagem de determinados guardas.

    — Vou te moer todo, seu paca. Vou te moer todo, e depois vou te servir na bandeja pra todo mundo aqui dentro. munhecaços. o místico da prisão.

    Take kindness for weakness. Quanto à bondade, não passava de uma fraqueza. E a disciplina, de covardia... Um dos guardas armados manobrou o ferrolho do seu fuzil, um sentinela foi derrubado de sua guarita sobre o muro.
[...]

EQUILIBRADO E RADICAL. In e Yang. Prosseguir. conservadorismo que abomina Nelson Rodrigues e preserva a mesma face perversa: Nelson Rodrigues pelo menos é cínico e fantástico, fascinistro. idem com killing em nome de coisas reacionárias: rio pornográfica. o fascismo está além mais próximo e aquém, num rio sem margens, num rio de cagaço. não tenho a virtude mesquinha de acreditar nas torturas sofridas por um velho comunista de 70 anos que leva a sério um sonho frustrado de tomada do poder. Não tenho a virtude mesquinha de acreditar nas torturas: os gênios se castram por si. velho. comunista. e mentiroso. nada de novo pode surgir daí. e se por um texto bastante ambíguo eu for chamado pra depor?

[...]

Derradeira photo: mágoas de caboclo: estou levando uma vida de sábio santo solitário: acordo ao romper da barra do sol me levanto saio pra passear nos arredores ouvindo passarinhos indo até a fonte d'água vendo a cidade do alto no sopé do Cristo Redentor do Corcovado cantando pra dentro:

[...]

# ricardo g. ramos

## detonação

Reformador de estruturas
Falou o crítico
Educando
Sobre a ignorância falou o crítico
Ofendido
Armado até os dentes
"É preciso cultivar a divindade
Arrancar do coração o dejeto
Perdão! "Objeto"

Uma teoria espiritual
Certo, colossal!

E o pobre cavalo de ferro
Não desgasta Zé!
Sociedade anônima dá pé
No bolso do mundo patriarcal
Paisagístico

Nas entranhas metafísicas
A luta em vida dos opostos mortais
A gozar o sexo molhado e reprimido
Lido olhado ouvido esquecido

Esporeado anda... anda...

Desanda...

E anda...

Rumina a forragem escassa
Cagada do alto
Onde as estrelas iluminam
Ofuscam o assalto


Mudança empírica
Retirar o berço da menina de trança
Esplêndido!
Deixa cair o deitado eternamente
Em sono lento

Que parta a espinha
Pra não andar
Dobrar os joelhos
Pra não rezar

Das cinzas faz-se um novo modelo
De sangue pinta-se um quadro:
Uma paisagem continental por exemplo

### ode ao motorista

Ode é ódio
Choferal é choferal

Motor é choferal
General Severiano é uma rua
Federal segura o volante

Gasolina é choferal
Ina tiro no final
Mata como centopeia

Rata é choferal
Como a fera serena
— Leão de Androcles
Solto na arena

Shall com ica
Retifica o choferal carnaval
— Carne com festival de navio

Chô!
Choferalíssimo franco
Chou ho ou gomorra

Choferal
Filha da puta institucionalizada
Choferal neta da mãe de um deus
Seu choro vela o cheval

Choferal geleia real
Realizada depois da monarquia
De um modo de produção
Do Brasil dos brasões
Com rima tropical e banal

## o que o outro tem

Do mais perto que sente
Tem o amor do cão abandonado
Este amigo soltador de pelos
Pregados no tapete azul

Do mais longe, tem a mãe
Tão preocupada em outra cidade
Que lambe seu sexo à distância
Cultivando a ereção impossível

Tem também como vizinhos
Os que pagam salários
Os que visam pecúlios
Segurando a ditadura
Pra viver & pra morrer

E tem a ideia experimental
Exclusiva do poeta do processo
Estabelecendo o nada de novo
Dourando a propriedade do velho

E tem sua mulher esperando
Que já ganhou carrinho usado
Por isso apodrece o esperma
Para regar a tranquilidade
Com o mijar do homem bem-vestido

## mandala

(o querer da arte questionado)

Uma cabeça aberta a golpes de estado
Que não dói nem rola se estudada fria
depois do cadafalso francês donde sumiram a escada.

Você!
Limpa de água e complemento — sabonete.
No primeiro dia, depois à falta chamada necessidade,
somente algumas horas deste primeiro dia,
sem a limpeza, secador elétrico, quentura nos
cabelinhos.
Quero um dia apenas do terceiro-futuro.
Em pé feito uma interrogação, ficar diante do voto secreto.

(Quero o corpo abusado)
Poder arriscar a palavra — usar dentro do riscado.
Quer você queira ou não queira trincar o risco.
Numa noite diante de mim
e de todas as imagens que vêm sendo formadas.

Venha você vestida
Venha você vestida com o pano mais difícil de rasgar
Se prepare para um discurso tumultuado de céu claro.
Dali seu corpinho são será molhado para mim mas por mim.
Quero entrar em você, olhos e óculos de alcance
Beijar (linguar) todo seu conhecimento. Lamber
Me entregar à posse de sua autoridade desconhecida
de noviça.

Eu!
Eu ofereço a eternidade de um fato consumado.
Daí o resistir, o resistir por exigência
de uma noite/dia/noite/dia/noite/dia.
Exigir a minha poesia em pedra-sabão.
E olhos cansados de uma maneira inteligente
desde a testa até a estrutura do pezinho.
Violar a criança que sei mulher
com muito amor surpresa e antiguidade.

Espero um assassinato completo:
com juiz, promotor, advogado.
Todos ensanguentados.
Por tudo isso, por nada, exijo pedra-sabão
pra lavar e esculpir uma grande dúvida.

◢

## panis et circencis

Local — templo dos adeuses
Setor — cadeira de comércio exterior
Assunto — café e futebol
Valor — USSR$ 193.70
Fatura — 14.julho.1971

I

Tarde
Cedo demais
Domingo sol
Nem um pingo

Gole
Nada

Na cacex foi decretada
A república som livre
Esporte-cafezinho-importação

Na camarada sexy

Derruba a monarquia!
Queda à bastilha nacional
Basta!

Putsch

Tá assim instituída a democracia
E todo mundo chia na panela fervendo água fria

Fica tamtamtam fica tamtamtam fiiiiica
Ficaaa, fiiica, fica, fica, fiiica!

Picas!
Pelé não vai embora
Ora ora
Vai ficar para o bem de todos
Como eu tu ele nos vocifera a fome
Amo amas amat

II

Coroa de ouro sempre se usa
A Inglaterra dos aviões camberra

E os aerófobos raivosos
Da saída fora de foco das televisões

O rei errou? Preferiu desertar
Independência sem a morte
E a outra? A festa presepada parada
Ele lado a lado em tabelinhas
Com o morto real auferido alferes
Genial goal! Dentro de Portugal
Com corda em tudo e todos
(Pegava pra ver o tapete purpúreo
Tecido pelo povo e para o povo)
Ele pele el-gal de pé pedante
Avante! Evoé! Anauê!
Pela direita pelo centro
de líbero pela esquerda mérdia
Chuta com três botinas

Mil tantas travas
Em todo canto do campo de concentração
Bate o tiro esquinado e difícil
Peleja entra duro
Sai mole mole
— De placa mais uma lata

III

Ave Caesar morituri te salutant
O soberano à eminência gramada
(Parto-lhe a cara! Soa Espartaco)

Morte e vida pelerina pelecanga pelerico
Expelida a bílis no penico vira eterno
Café educação bule de cachaça
Bulha! Pra todo universo

IV

Em cada estado novo velho
Um estádio na gestação apressada
Cresce niente porém decente

O tesão copular no sexo coletivo
Puro tabagismo concretado e popular

Let's jump sing sola simonal
Burn baby underground
Burn baby doc boy super-herói
(Vae victis)

Pelo que e eu não sei
Rex Cassius Clay ex
Muito mal aí ali
No meu pé de manacá

E o maraca murcha
Murcha marcha de plantadores
Dos conduzentes estranhos canadianos
Dando fogo à queimada pra crescer mais
A folclorida semente de canabrás
Enquanto um timaço de massa
Sem meio-campo cabaço continente juiz

Segura os bandeirinhas ataca feliz
E taca bis

V

Olha Ganga! A zumba
Outras palmas palmares
Quilometradas
Escuta, Lumumba! Lundam rumba
Ousam sambar sem tampa
As lousas nas catacumbas

Maracanã canaã
Bumba meu boi!

VI

E nem tinha um outro
Era torto e se acabou

Passarinho quis como petiz com sua preta
Negrou medrou e não medou
(à revelia servem antinomia)

VII

História defasada sem telefone
— Love Story for the one
Pelé abolicionista
Apela à vista nas telas
Não está na lista é bondade
"Alô!" — quem fala é sua majestade

(o meio divide a mensagem)

VIII

Burguesia sem azia também some
Como somando indivisível
Bola + cuíca + chão + galão + de + gasolina

TRIvial simples na ordem pai mãe espírito santo

(o primeiro bonzinho trivializava)

De bondinho certilho
Virou trem três corações
De quem sem dinheiro expulsa um milho
(como na loteria de Maria)
Milho-bilhão cresceu à beça
Colhido com louros o menino

Viu no campo estrangeiro
A alva rima rosada — rosa rosae rose
Casto Condor! Repare a ressalva
Tu que ficaste sem pé sentindo a dor

De repente sueca
Gelada goleada tropical

IX

Le roi est mort vive le roi!

Um raposeiro ganha a camisa mineira
Um tostão trocado por dez cruzeiros

Obrigado creme crack café!

. . . . . . . . . . . . . . . . . . . . . . . . . . . . . . . . . .

SSilêncio!
No ar o som de niñar Edson
Que voa com os santos
Mas torcechora pelo Brasil selecionado

-

**exercício de tiro**

      (Do atirador
      A volta do que sentiu falta
      Da carga pesada pela balança
      Assumida na ida e num livro

      Previdente pois descalço
      O pé do homem na máquina
      Aumentou o peso burguês
      Sobre tudo sobre todos

      E a gravata não é borboleta
      Por falta de asa para voar)

Se o sonho acabou
Não posso pensar

No que antes de vir
Chegou atrasado

Se a pedra é pré-histórica
Não me interessa o estudo fóssil

O cu da mãe aguado sentado
Sente a natureza do chão e lava
O poema escrito com areia

Este sim espera paciente a maré
Como todo recital sólido
Diante do sol que o derrete

Pois a poesia é puta de saber
Que sua sombra petrificada
Tem o sal das coisas aproveitadas

Se a pedra portanto
Tem pouco peso e passado
Basta a qualidade da mão em bólide
A esculhambar figuras ótimas
E uniformes:

Faz-se a porrada nos contramestres

Viso eu ao verso conversível
Não aos abraços antropoides
Que acenam como se alvos embaçados
Fossem claros frutos tropicais
Enquanto tiros reais se alojam e ficam

leomar fróes

**ensolarado de metralhadoras**

gelatinas e pudins assim
comunicamos que
de conformidade com o artigo 99
rigorosamente observado
pela gerência desta casa
o cara poeta devia ser maluco uau jogava
dinheiro pela janela e sacudia
a ursa menor no corredor pelado
deitado e ternamente com as pernas
cruzadas docemente na rede de entidades
cascadura dinheiro provoca essas loucuras cascadura
os companheiros são flâmulas laterais
no trem que vai que vai
pronto atravessou o tálamo a doce paz da deusa dos cílios
                                                                                                [industriais
que me mordia o dia e zás
fotografia o corpo que cai
senhoras e senhores eu daria
                os rins
                      minha gravata borboleta de
                                      [cetim
                      duas lágrimas abóbodas uma
                                      [festa
                    interminável
                    de rum e cocacola

em troca
apenas de você
pessoa amanhecer
me demolindo
tão desrespeitosamente
como
                    [um hino
atravessado entre os dentes
de um ninho ardente e todo
ensolarado de metralhadoras.

❧

## urbanas

mas muitas criaturas sempre me disseram sabe vida
que eu devia acordar
cedo para dar
milho pras galinhas ou botar
as máquinas maravilhosas
para andar
pra cima do pescoço das pessoas já que era
costume favorito e esporte predileto
aqui na terra
eu ficava
tirando borboletas das gavetas e espiando
as formigas ao invés
de aeroplanos

## descordenada

assim sendo eu voo aos bêbados & humanos em razão do
[que desejo
solto os cachorros contornos de fogo do cérebro
viajo o verde desgaste das árvores
revejo
atacado & a varejo
na ensolarada abertura lascada dos dedos metálicos o
[último
reflexo de dor e saudade
bocas gargantas o beijo
e o sonho que vou iscar nas pessoas
pra mim é sempre uma boa
cheirar linguar enxergar invadir
a pele a carne os ossos com um desequilíbrio da ordem
de 2 bilhões de relógios
como no texto azul dos poetas
os nomes não interessam
só as chamas
que vivas vivem na ida e na volta
do vento que der ou bater
no longe corte do peito nas tontas
revoltas da cara
incompleta e qualquer
mudo constante de olhos
botando as unhas de sangue e a língua
apodrecida pra fora
das boas casas do ramo da história.
não disse não disse não diz

e cala
as paredes
as ruas
as casas
pois é
eu também falo pouco
sobrevivo
com muito esforço
e as costelas partidas
da vida no bolso
pois as paredes me trepam
pelas orelhas e pescoço
tiro um tijolo
e vem outro
se aproximando do corpo
com os olhos de luz e sangue ora direis
telefone.

## lágrimas de boi ou falavera

às vezes eu fico olhando para o rosto
de qualquer pessoa
com um olho nero em fogo e outro bobo de atenção
de procuração para ver se enxergo as cooperativas vivas
de cada solidão
mesmo se não acho acredito até que cada cara
tem uma tarefa contínua e incessante
com as dores do parto
do instante
então me dá vontade quando agarro uma boca parada

de reclamação
de enfiar os dedos nela só pra ver
se encontro a língua falavera ou para ver se os dentes
mordem
mais e mundo além de alguém também me dá vontade
de beliscar
no ponto de consolo de uns olhos gelados
só pra desfiscalizar os nervos de controle e fazer
piscar três vezes uma lágrima
de boi
no matadouro.

▸

## **impressão aparente**

entre as cortinas um talho verde e ainda entre as cortinas
ou já
na casa escapulindo das máquinas da tarde pra cima
dos sacrifícios da noite
sonhavas
um gosto doce de folhas na boca e o rosto
de uma pessoa em viagem

▬

com olhos de luz e sangue
você atravessa as nuvens acorda e me telefona
desesperando reclamando que
com vítimas e mil demônios as paredes estão
se movimentando
de madureira pra china

de bonsucesso pra índia
e ainda
fechando as folhas por cima
em trevo de brisa que ria
em seus cabelos agora sua língua
se encolhendo as paredes
se aproximando da boca
unhada inchada
madrugada
bato palmas pra espantar
os fantasmas na calçada
mas você continua
acordada
as retinas exageradas
as paredes se aproximando
você com mil demônios no peito e sem jeito
de enxergar qual a última
folha de ar
e socorro
respira com todas as garras e urgente
dificuldade no rosto
iluminado e nervoso
repara

## canela depilada

deixa pra lá diana é sangue mesmo e não adianta pôr
[areia ou desdobrar
jornais por cima
dos olhos da cabeça da barriga

pra esconder ou estancar
o aconteceu me apanhou no calcanhar subiu por suas
                                                   [coxas deu no peito
com as sombras num luar
suspeito
suspiraram já nos viram aos beijos
e abraços com uns e outros imprestáveis jantarando o puro
                                                                                  [osso
a canela depilada da vida querida metida mexida no
                                                     [pescoço o alvoroço
e a totalidade da carne dos pinéis
nos ombros já sem roupas
uma ilha se quebranavega outro corpo
sem ar nas mãos das pessoas me apanho te olho e carrego
um saco de rostos
desarrumados da linha de montagem
   aqui                 no
            fundo
intransitável
da garagem
agora é tarde
pra dizer que faz engano ou disfarçar
de quatro pés
nos enxergaram
soltando passarinhos pela boca
e sorrindo um lado alegre e torto para os lobos

---

Na Rua Cândido Mendes
na Lapa ou em Botafogo
jornais jornais e os sempre

cativos lembres de sol
e fogo
assim que brabo os custos pago os preços e atravesso
um subúrbio cachorros outro subúrbio
depois todos
Olaria Madureira Encantado Cascadura
Bangu e Bonsucesso
as cores da zona Sul
os pontos de luz e encontro
na festa azul do comércio
os grandes
edifícios num bode
feíssimo e sujo
toda cidade me deu
ajuda
espantamento e conversa
jogada fora
de indústria além
de umas mazelas nas pernas e um trem
de aço atravessado nas últimas
assombrações populares
o esfrangalhado xale
das nuvens claras
e o deserto dia


do mundo
comigo minha cara metade descontada dos cravos e das
[manchas
solares fantomas sorrindo e crianças
meus lábios

no vídeo minhas grades
de Romeu e Julieta
minhas flores de seda
na valeta
minha noiva de sede e vapor
mexendo ainda a boca e indecente
minha dor
abrindo os pulsos e subindo
sem fé ou melancolia
para o final das estrelas.

# isabel câmara

**dezenove do oito de mil novecentos
e setenta & quatro**

Não entendo nada desta janela fechada
que me aperta a culpa
Doer não dói mais,
nem sangra —
Consegui o que queria:
ser despedida, ficar perdida
falida & alone
olhando o papel da Comédia.
Sei que me chamam Bel
Mel de paixão
sugado da boca louca
de onde sangra o coração
e chora a hora
do leito vazio
da falta de peito
do jeito do beijo
fácil, difícil, sutil.

A verdade é que vivo a mil
sonhando a morte em azul anil

isabel câmara

**dezenove do oito de mil novecentos
e setenta & quatro**

Não entendo nada desta janela fechada
que me aperta a culpa
Doer não dói mais,
nem sangra —
Consegui o que queria:
ser despedida, ficar perdida
falida & alone
olhando o papel da Comédia.
Sei que me chamam Bel
Mel de paixão
sugado da boca louca
de onde sangra o coração
e chora a hora
do leito vazio
da falta de peito
do jeito do beijo
fácil, difícil, sutil.

A verdade é que vivo a mil
sonhando a morte em azul anil

no vídeo minhas grades
de Romeu e Julieta
minhas flores de seda
na valeta
minha noiva de sede e vapor
mexendo ainda a boca e indecente
minha dor
abrindo os pulsos e subindo
sem fé ou melancolia
para o final das estrelas.

## light-cock-song

só para gênios, tímidos
e alguns porcos chauvinistas
desses que o padre vem me
benzer todo dia, e que quando
não vem ele cá vou eu lá:

Leva este caralho compra-me um maço
de cigarros Continental, uns cem
gramas de alho e o tempero, que te der na cuca.
E se o dinheiro render, um lacinho de fita
de seda ou crepom. Depois, na saída do cinema,
vem cedo pra casa, me leva pra cama, sem se
esquecer que o alho é para um aglio-olio.

## fim (13º volume)

Você me falou
que me mandasse porta afora
Eu vou
Vou com força total
esta porta não é metal
é o nosso mental
transparente
correndo da corrente
que pega gente exigente.
Vou enxugando a alma.

na palma que segura
a espada.
Vou pedindo calma....

## ih, lógica

Só quem sabe a Idade do Ferro
é a Bigorna que o modifica

## exclaresendo

    Toda alegria que bate em mim é motivo de certa
emoção que assusta. E como o susto me retira
de mim mesma feito tivesse cheirado pó de pirlimpimpim,
embarco no ato de sentir dor tal e qual um daqueles
rapazes ou moças indevidamente apontados pela
hipocrisia de "pervertidos sexuais". (Ninguém perdoa, hein?)
    Pois há determinados dias que nem me passa
pela cabeça tal ideia e o que me assola mesmo é
o prazer dos cinco anos, quando a dor, doendo, ficava
no mesmo pé de igualdade com o amor se abrindo.
    É então que eu saio por aí de braço dado com
a própria sombra e vou sonhar acordada nas portas dos
Grupos Escolares (de preferência os públicos) como
um tarado qualquer.
    Só assim sinto-me pura para um Ato Solitário.

## a very-important question

Qual mortal até hoje
pensou um
Unicórnio com medo
de cair-lhe o chi-
frinho da testa?

## afirmativa

Na posição que me encontro
só no sono do barato
na zona franca, ausente
me sinto contente!

## hora sagrada

Ti espero.
Sob o travesseiro
a tesoura segura
o Ouro
o Trigo
o abraço ligeiro
de quem tem cheiro
das coisas pagãs
anãs sob o linho fino

o vinho rastreiro.
Faço a feira
vivo beirando a beira
da Orgia
que pia, escorrega,
cortando ligeira
a noite do dia que me alivia.
E aí só cria
meu mundo de fantasia
Agora vê se não chia
Você não é minha tia.

## manhã de frio

*(Lena meu amor)*

Trata-se de uma certa dama
que acorda aflita pelo dia
observando da janela do seu
Disco Voador
o cinza que se irradia
desde a música —
Romântica e Alemã
até a cor fria da Dor

Quem diante do amor
ousa falar do Inferno?

Quem diante do Inferno
ousa falar do Amor?

Ninguém me ama
ninguém me quer
ninguém me chama de Baudelaire

―

**lençóis**

*(Para Esther, da Clínica V. Silva)*

Aos domingos se vai ao longe...
Lavam-se panos brancos e os
denominamos roupas de cama:
Roupas de baixo
Roupas de cima —
Coisas da Casa
Aos domingos todos se cansam cedo:
há enlaces matutinos
e muitos hinos.
Aos domingos há missa, música
entreveros. Há quem chore
nalguma hora e há também
possibilidades novas:
Há pares, bares, porres.
Aos domingos semeiam
as lavadeiras
seus azuis/brancos lençóis
lúcidos dos dias de semana.
Para elas lençóis

Prata da Casa
Lençóis louça de Porcelana

---

## mistura fina

Now is just a taste
of how to face
face to face
A faca que ataca
o mal real
de ser leal ao
leite quente, ao banal...

---

## probel/problemas

O futuro é uma ciência fodida pelo tempo
O presente é isso aí
O passado é a gavetinha onde a memória brinca
de obra e Arte.

---

## carta

Olha eu te desejo
tanto que perdi
o recado.
Nada temo, tremo!

Sou poeta devassa
adorando a tua raça.

Lovely & lonely bird
of my Youth, tell
me how to reach
The South of your Mouth

chacal

**só dos terratenientes**

não tenho nenhuma observação
a fazer sobre a vista da varanda.
nenhuma,
a não ser o céu largo e iluminado
dos subúrbios do rio de janeiro.
céu q se alonga ao longo do mundo inteiro.
não é de todo mundo a terra q é redonda.

◂

**20 anos recolhidos**

chegou a hora de amar desesperadamente
                             apaixonadamente
                             descontroladamente
chegou a hora de mudar o estilo
                 de mudar o vestido
chegou atrasada como um trem atrasado
mas que chega

## rápido e rasteiro

vai ter uma festa
                         que eu vou dançar
até o sapato pedir pra parar.
                         aí eu paro, tiro o sapato
e danço o resto da vida

## cidade antiga

a bisnaga de ontem
a broa de anteontem
o tatu dormindo

## paixão é pra disfarçar solidão

tão cheia de aflição
que podia ser uma afta
tão ácida na boca
tão ácida tão flácida a morte
tão diferente
assim sozinho lembro você dizendo:
não se faça de difícil... é uma gargalhada geral
uma minina se matou... tava de saco cheio
meu amor não pintou

é... o palhaço entra em cena de qualquer maneira
arrepia

▶

## papo de índio

veio uns ômi di saia preta
cheiu di caixinha e pó branco
qui êles disserum qui chamava açucri
aí êles falaram e nós fechamu a cara
depois êles arrepitirum e nós fechamu o corpo
aí êles insistiram e nós comemu êles.

◄

## como é bom ser um camaleão

quando o sol está muito forte, como é bom ser um
camaleão e ficar em cima de uma pedra espiando
o mundo. se sinto fome, pego um inseto qualquer com
a minha língua comprida. se o inimigo espreita, me
finjo de pedra verde, cinza ou marrom.
e, quando de tardinha o sol esfria, dou um rolê por aí.

◢

o poeta que há em mim
não é como o escrivão que há em ti
funcionário autárquico

        o profeta que há em mim
        não é como a cartomante que há em ti
        cigana fulana
o panfleta que há em mim
não é como o jornalista que há em ti
matéria paga

        o pateta que há em mim
        não é como o esteta que há em ti
        cana a la kant

o poeta que há em mim
é como o voo no homem pressentido

➤

espere baby não desespere
não me venha com propostas tão fora de propósito
não acene com planos mirabolantes mas tão distantes

espere baby não desespere
vamos tomar mais um e falar sobre o mistério da lua vaga
dilan na vitrola dedo nas teclas
canto invento enquanto o vento marasma

espere baby não desespere
temos um quarto uma eletrola uma cartola
vamos puxar um coelho um baralho e um castelo de cartas
vamos viver o tempo esquecido do mago merlin
vamos montar o espelho partido da vida como ela é

espere baby não desespere
a lagoa há de secar

e nós não ficaremos mais a ver navios
e nós não ficaremos mais a roer o fio da vida
e nós não ficaremos mais a temer a asa negra do fim

espere baby não desespere
porque nesse dia soprará o vento da ventura
porque nesse dia chegará a roda da fortuna
porque nesse dia se ouvirá o canto do amor
o meu dedo não mais ferirá o silêncio da noite
com estampidos perdidos.

❥

*à deborah*

meiufiu

                                       tem um fio de queijo
                                 entre eu e o misto-quente
tem um fio de goma                         recém-mordido
entre o chiclete e eu
recém-mascado                                tem um fio
de                                                              vida
                                       entre eu e teu corpo
tem um fio de carne                       recém-amado
entre teu corpo e teu filho
recém-nascido                               tem um fio de saudade
                                              entre eu e você
tem um fio de sangue                    recém-passado
entre a razão e eu
recém-partido                                  tem um fio de luz
                                                 entre eu e mim
                                           recém-chegado

uma
palavra
escrita é uma
palavra não dita é uma
palavra maldita é uma palavra
gravada como gravata que é uma palavra
gaiata como goiaba que é uma palavra gostosa

## santa teresa ora veja

nuance de fragrâncias essa santa tem. tem o lindo olor
do lírio e tem o sabor do pecado. ah... mulambas
subindo encostas. ah... encostas, encanto dos encantos.
tem também no ar, cheiro de gasolina dos carros,
alguns, q passam. mas se cheiro fosse pecado, o mais
usado seria o de teresa q, quando viva, usava
apenas uma gota de flamingo na sola do pé. teresa, depois
de morta, virar santa, é o q mispanta.

## preço da passagem [fragmentos]

nome: orlando tacapau
idade: indeterminada no espaço
origem: indefinida no tempo
filiação: alzira namira irineu cafunga
impressão digital: lamentável

traços psicológicos: maleabilidade em relação aos animais
               sem horário para as refeições alegre ar-
               diloso instantâneo aéreo pássaro instá-
               vel sujeito integral iluminações avulsas.
traços físicos: marca negra na íris
profissão: qualquer nas horas vagas
pseudo alcunha: ornar malina analvaro inflamável maxmi-
               dia francis khan graça bandeira alcânta-
               ra tatu décio esteves lopes lauro lauro

sentado e estudantil, orlando perscrutava o absurdo e o rabo da professora. de repente passos no corredor atrás da porta fechada. "serão polícias ou alunos atrasados?" takapassou a mulher com giz e abriu a porta. o homem colado com as orelhas entregando saiu de banda. bandeira. sua suástica caiu no chão. orlando viu o lance achou nada pisou na escada e não apareceu mais por ali. pra quê?

não ato
nem desato
desa
   r
   t
   iculo

entre uma casa e orlando dá-se o seguinte:

— venarável cômodo que abriga criaturas tão ligadas, não temarás ruir diante de vibrações mais fortes, porventura?

— adorante embrião, não fui escolhido por acaso. cumpro como você meu destino todo mês.

— generosa casinha que olha de cima o caminho que olha de cima o riacho, que olha de baixo você, resistirá aos abalos cósmicos até quando?

— honorável pessoa. minha liga. minha viga

vírgula não faça figa não faça. fuga. nem o fogo afeta a fonte nem o balanço meu tempo.

— virgens terras do planeta, qual a hora que tragarás essa couraça poluída que te esfola e fere?

— curiosa criança, continua a viver já que isso te distrai.
let it brisa.

capitaneando a nau capitânea orlando compartilha compartimento com diva divina corista de revista orgias a bombordo o litoral aponta farol canhão lunetas disparates o barco é ferido no nariz e faz água orlando dá ordem à desordem embarcando a tripulação no submarino para casos como esse no bico do colosso semiafundado orlandes barriga encolhida farda de gala assovia o hino da esquadra e pula o resto da nau eram bolhas rio maracanã banheira de d. moema largo do boticário praias cariocas o dirigível estaciona numa sarjeta sórdida de niterói pegam a barca pro rio orlando asseclas partner desviam a cantareira rumo à lagoa rodrigo dos peixes exilados com falta de ar e área barcarola ancorada os trip ulantes raptados são atirados aos tubarões de mandíbulas os reféns pra trabalhar e a trip tropa trota corte cantagalo acima abaixo na final visita cordial ao pequeno canto do céu que ela veio pra se lembrar *bunda mole dedo duro tanto treme quanto entrega*

as pessoas: "quitauquié utau di orlando?"

| | |
|---|---|
| valdir, o repórter: | senhor orlando, o senhor é rípi, estuda ou trabalha ou vive de renda? |
| ele | quando quero fazer pinto quando quero saber mento quando quero prazer brinco |
| valdir: | perdão senhor orlando, mas e o leite das crianças? |
| ele de novo | a energia dada pelos quatro elementos a terra dá a fruta o sol dá a fruta a água dá o prazer o ar dá o que pensar |
| o repórter: | senhores e senhoras telespectadoras, os comerciais. |
| ele se despedindo | no ponto central desfigurado recarrego às vezes |

orlando terça à tarde andava duma esquina pra outra da avenida copacabana, na altura da sé parou e continuou a pensar:
— tudo da minha terra.
e pulou no canto da boca uma satisfação.
— vou falar com a maioria, geral parabéns.
e prosseguiu passou por uma valise carregando um terno tropical trambiqueiro cumprimentou de sarro:
— investindo, hein?
o cara de pressa nem piscou.
depois outro:
— vigiando, hein?

mais um:
— traficando, hein?
e outro:
— esculhambando, hein?
ao quinto:
— pregando a moral, hein?
depois do quinto o sexto:
— consumindo, hein?
sétimo:
— na paquera, hein?
quando foi de repente uma pequena tosse chega do lado dele e diz:
— passeando, hein?
orlando olhou e viu apenas uma sombra na es quina de 31 de abril ele vai parar e refletir sobre a falta de imaginação no ar

                            estado da guanabara
                            secretaria de serviços sociais

*eu não quero comprar uma televisão colorida*

                            orlando viajou de balão. atravessou vales, rios e mares depois desceu. subiu numa pedra e disse publicamente:
                            — di hoji em dianti soy hóspede do planeta. por enquanto.
                            e mandou seu novo endereço à freguesia

## charles

      falei torto
      fiz cambalhota
      ensaiei saltos mortais
      e dei saltos menores sem nenhum
                    perigo
as noites se arrastam e não existe vampiro
os quadros repetidos irritam meu olho
vermelho

 

como sinto o coração mais forte nas situações
                                    miseráveis
uma casa estranha onde me pergunto que que eu tô
                            fazendo aqui
onde eu posso dizer qualquer coisa ou pular pela
                            janela
que seria como se nada tivesse acontecido
ou talvez um ai histérico se juntasse aos gritinhos
                        da mesa de jogo
e depois de trocado o disco tudo continuaria tranquilo
e desceria suave como o vinho que se bebe
nada quebra nada
a solidão me pertence mais estupidamente como o anel
                            da coluna partido

## aula

a luz da lua prateia a planta
um bocejo dentuço engole a noite

## stardust

passa das duas horas
o sol listra de luz o quarto
esfrego o pé no tapete peludo

tenho duas meias de lã metidas no saco
a janela do ônibus pra pensar

foi uma noite de prazer
debaixo da coberta morena mordia voraz

                       os dias voam comigo nas asas

metáfora e lirismo considerados ferrugem tetânica
e no cuzinho não foi nada

## circo abafado

olho tapado no joelho
outro tapeando entre as pernas
conversas caretas de artistas fardados
quadro rasgado no meio da parede
confiança em mim

## diário de bagos

quando você se abaixa pra pegar um disco
com seu vestido curtinho
delicioso
aparece a calcinha no rego moreno da bunda
curto muito
meu olhar derrete de prazer
não há como enganar a evidência
desculpe o volume do lado esquerdo da calça sem cueca
com tesão não se trinca
antes todos entendessem e se dedicassem de corpo e
cama

        obs.: meu pau esquecidamente duro
           cai no amolecimento

## colapso concreto

vivo agora uma agonia:
quando ando nas calçadas de copacabana
penso sempre que vai cair um troço na minha cabeça

## drama familiar

mais um berro histérico
e mato um

como aparador de grama gemia os braços
enquanto tropeçava devagar no buraco dos dias
alimentava o fogo de cinco anos
fotografia amarela e braços dados pela praia

## viagem besta

a rede range
   range
      range
  range

nenhum carinho
a cabeça vazia cai no poço
                             oco


―

em todo palco preparado
meu papel de improviso não presta

desconfiado afio o fino
e deixo o furo

―

**crash cardíaco**

overdose
pentelhos enroscadinhos na borda da privada

de fora
a mulher batendo sem saber que porta abrir
ou que veia tomar

―

**crime passional**

corre e dá a mão a outro
corro e corto a mão dos dois

## delírio de cacos

ô abram alas
não tem verdade passageira
o anjo revolucionário bate asas na fumaça do cigarro
bebe vinho tinto
e detesta casinhas sem nenhum ladrilho banguela na
                                                                                                   cozinha

nunca viajei de avião
mas muitas vezes estive no ar

um desinteresse marcante
uma marcação latente
uma dor de dente
uma paixão fulminante

# bernardo vilhena

Olho pra pílula e penso o que contém além do
excipiente químico necessário pra torná-la pílula;
quais drogas entram na composição para fazê-la una, em
suspensão, droga?
 Será para os males do corpo ou do espírito?
 Coramina ou adrenalina?
 Quem sabe é contra o enjoo das coisas novas
transformadas em velhas para serem mais digeríveis?
E às vezes é contra a indigestão causada pelos sapos que
nos põem à mesa. Contra a proliferação de nossos
entes mortais à burrice, à alienação, ao colonialismo
estúpido.
 Será realmente uma droga mortal? Que acaba de
vez com a fome dos fodidos? Com a sede do poder?
 Por momentos pensei: não será uma droga que liberta
os intestinos, aguça os sentidos, endurece os ossos,
afia os dentes? Ah! Lá se vai uma hora que a descobri
e ainda não atinei por que a encontrei ali. Dentro
de um morango, num sundae do Bob's. Olho pra Val e
vejo sua cabeça se decompor num sorriso: os
cabelos correm ao vento como veios de ouro, os olhos
choram lágrimas de riso zombeteiro, que lhe caem
no peito como lápis-lazúli. Ao fundo, o mar corre pro
infinito e encontra o céu caído no horizonte, torto.
 É uma onda.

Alzira passou e disse:
Lá está o Clemente emboscado.
Em busca de não sei o quê.


foi sem querer que ela falou
ela nem tinha pensado
foi sem querer que ela topou
ela nem tinha gostado
foi sem querer que ela matou
ela nunca tinha atirado


**vida bandida**

Chutou a cara do cara caído
traiu o melhor amigo
corrente soco-inglês e canivete
o jornal não poupou elogios
sangue & porrada na madrugada
É preciso viver malandro
não dá pra se segurar
a cana tá brava a vida tá dura
mas um tiro só não dá pra derrubar
correr com lágrimas nos olhos
não é pra qualquer um
mas o riso corre fácil
quando a grana corre solta

precisa ver os olhos da mina
na subida da barra
aí é só de brincadeira
ainda não inventaram dinheiro
que eu não pudesse ganhar

## telma

Eu sou o sonho dos homens
a eternidade
Sou a nuvem que passa
a poeira que levanta
a fumaça dos cigarros

Se me quiser vem me pegar no voo
pra me largar bem rápido

## ouvido ao acaso nº 477

avenida atlântica
interior de um táxi

chofer: padres mortos
       famílias destruídas
       guerras, milhares de mortos
       tudo isso pra vestir o índio
       E hoje, é o que se vê.

## à sombra de um pé de pau-brasil

Acredito no balanço das árvores
que se não induzem, sugerem
leve origem dos ventos
a encher de sons o ar
soprado de respostas às vezes esquecidas
varrendo as mentiras pregadas
em nome da evolução e do progresso
à sombra
à sombra de um pé de Pau-Brasil

## tira-teima

Tire a faca do peito
e o medo dos olhos
Ponha uns óculos escuros
e saia por aí. Dando bandeira

Tire o nó da garganta
que a palavra corre fácil
sem desculpas nem contornos
Direta: do diafragma ao céu da boca

Tire o trinco da porta
liberte a corrente de ar
Deixe os bons ventos levantarem a poeira
levando o cisco ao olho grande

Tire a sorte na esquina
na primeira cigana ou no velho realejo
Leia o horóscopo e olhe o céu
lembre-se das estrelas e da estrada

Tire o corpo da reta
e o cu da seringa
que malandro é você, rapaz
o lado bom da faca é o cabo

Tire a mulher mais bonita
pra dançar e dance
Dance olhando dentro dos olhos
até que ela morra de vergonha

Tire o revólver e atire
a primeira pedra
a última palavra
a praga e a sorte
a peste, ou o vírus?

―

**o forte de copacabana**

O teste cooper me intriga
cabeças sob pernas na areia

―

Brinca o brilho da gota na beira da folha solta; no fio que
                                                    [não tem fim;
na poça gota a gota um gosto de água na boca.

leila míccolis

**pena de morte**

Eram bastante bons
aqueles tempos de ódio,
em que planejávamos nossos assassinatos,
pelo simples prazer de nos vingarmos:
eu te via com os dedos na tomada,
tu me vias sufocada pelo gás.
Tempos em que sorrias ao atravessar a rua,
e eu achava graça em ser atropelada;
tempos em que queríamos fazer um filho
para espancarmos juntos,
nos dias de ócio,
em que eu te servia de escarradeira,
em vez de cozinheira e passadeira.
Depois veio o amor,
que é como um lenço em que se assoa,
ou mãe que chicoteia e nos perdoa.
Hoje afago-te as corcovas
e lustro-te as botas novas.

**moda**

Eu queria te ver,
coxas de fora

(como de fora vejo teus pelos do peito
pela camisa de seda),
a andares na rua,
entre assobios e apalpadelas,
o olhar disperso
como quem nada percebe,
e mostrando ao sentares,
subindo-te a roupa,
a cueca combinando com a gravata.

✒

### até que a morte nos separe

Esqueço meu desejo de vingança,
e a mágoa recalcada esqueço até,
se ponho a te afagar o membro flácido
com as pontas dos artelhos
do meu pé.

✒

### eu te dou os melhores anos de minha vida

Coso a alça de um vestido descosido,
enquanto pregas um prego
numa madeira bichada,
dou chiclete a nosso filho
para parar de gritar,
te mostro a casa cheirando
a pinho e desodorante,
me sorris agradecendo.

É certo que não quero recompensa.
Mas te beijo tua boca vomitada
que tem gosto de fome
e de torrada.

🞄

## sétimo céu

Tudo acabado entre nós
Deus é testemunha
que na flor da idade
chorei por ti lágrimas de sangue
e que te amei
com todas as forças do meu ser;
mas a ilusão durou pouco:
a triste realidade dissipou
os meus sonhos e esperança,
assim como o mar desfaz
todo castelo de areia;
com tua perfídia me enganaste;
como um cão vadio me enxotaste;
na rua da amargura me lançaste.
Agora teu olhar me corta
como lâmina fria;
vago como morta-viva
sendo a sombra do que fui,
a lembrar de um passado feliz
que não volta mais,
imersa em dor, tormento e padecer,
mas sabendo que este mundo
não comporta o meu sofrer.

## três números de mágica

O espetáculo começa:
faço sair da cartola
televisão a cores,
automóveis,
e imóveis no Leme
a pagar em 180 prestações.
Depois te serro ao meio no caixão,
para salvar-te a seguir:
surges inteiro e pareces tão ileso
que nem dá para notar a castração.
Por último me cubro — abracadabra! —
e volto aos tempos de menina,
tirando da vagina objetos contundentes
que fizeram a minha vida
e o meu hímen complacentes.

## laços indissolúveis

Refaço nós do capacho:
por um fio me escapas,
por um laço te prendo;
tranço um fio — me queres —
tranço outro — me odeias.
Por diversão lavo o filho até conseguir dar brilho,
enxáguo tua barba de bombril
com mil e uma utilidades,

colho batatas grelhadas
da raiz do teu cabelo
para de noite jantar,
e no fim da noite gozo,
te chupando o calcanhar.

~

**pitada de açúcar**

Quero ver onde vai dar teu jogo
de esconder o feto no forno,
o macarrão no banheiro da empregada,
a cerveja na bexiga cheia.
Teu jogo de esconder
o desejado
no sorriso cordial,
e nas festas galantes de sempre.
Esconder tua voz de cio,
teus pelos enroscados
entre a coxa aberta,
o medo de perder a virgindade
e o teu recato de homem.

# adauto de souza santos

## **a pombinha e o urbanoide**

*a Roberto Parada*

quando haveremos de nos ver, pombinha?
quando construiremos a nossa arca para escaparmos do
                                              [dilúvio?
o povo pergunta pelo seu horóscopo e tem as marmitas
                                              [vazias
y eu pergunto por Abbie Hoffman
& por todos aqueles desbundados Q de uma maneira
ou de outra acabaram no hospício o corpo destruído
pela insulina
y eram as cucas mais maravilhosas da minha geração
você brinca nos céus dos meus dias contados
y fita se babando lendo versos de Pound
enquanto eu aos poucos transformo-me num personagem
de Edgar Allan PUM (alguém deu um tiro na cabeça
aqui ao lado...)
quando haveremos de nos ver novamente
Ah! sou um urbanoide circulando pela cidade
a alma mecanicamente dirigida pelos computadores
y pelos tiranos Q por trás dos muros intransponíveis
de suas fortalezas fizeram de minha vida ficção científica
y fico circulando pelas ruas robotizado
enquanto o povo morre aos meus pés
quando sento para escrever

sinto Q o cordão umbilical ainda não foi cortado Y meus
olhos (botões de vidro?) entram em curto-circuito
e o exterior é uma paisagem estranha
onde está a New-Left, pombinha?
ao café lendo meus poetas preferidos
me pergunto a razão de tudo isso
pombinha, a guerrilha humana ou a anarquia geral
salvariam o povo
mas antes era preciso organizar um imenso carnaval
invocarmos todas as divindades populares
Y botar uma BUMBA-meu-BRECHT na rua
o sufoco acabaria, pombinha
você voaria pelos céus do alumbramento
montada no seu Cavalo-de-Troia...

... quando a luz do sol vai entrando de novo
dividindo o quarto num tratado de tordesilhas
eu nervoso me olho no espelho
me jogo no sofá me vejo cortado
em duas postas
penso em você anjo louco
na sua força diabólica
maior Q a força do afrika korps
chego ao terraço — vejo o rio de janeiro
estou de saco cheio — olho a babilônia dos pobres
olho a cidade com a maldição dos renegados
com a glória neurótica do anjo exterminador
fumo uma maconha ligo a vitrola
telefono aos amigos
tomo um conhaque toco todos os sambas-canções

Q conheço de Nelson Gonçalves
procuro entender esse dia rompendo
todos os laços de família
querendo Q os insetos
invadam a casa e destruam as mobílias
sinto no lombo
cem anos de solidão
naufragando no negror da babaquice
MAS TUDO SE MOVE!...

                                              *à Patrice Lumumba*

em cada pirado
em cada pivete
em cada malandro
em cada suicida
em cada sub/urbanoide
eu vejo
       todo o
              seu esplendor
escorrendo pelos bueiros
desta
cidade vazia
— meu único congo...

minha poesia não canta nada
— como haveria de cantar? —

berra todo nosso sufoco
como um doido na camisa de força.

vem do útero do ânus estuprado
do peito doente
da cirrose do fígado.

minha poesia é o pânico
a quarta dimensão terrível
da vida consumada no porto da barra-pesada
das penitenciárias dos hospícios
do pervitin da maconha da cachaça
do povo na rua
— do povo de minha laia.

minha poesia é o hino
dos libertinos
q conspiram na noite dos generais...

﹅

o salvador da pátria
foi apedrejado & morto a pauladas
como veado
porque sua roupa
era toda colorida
y beijava na boca
todos os que passavam na rua...

levantou os dedos em V
& enfiou duas vezes a faca
no peito do hippie...

lances assassinatos
essa noite acredito
cicatriz sinistra

a mão do estrangulador
acaricia sua garganta

vampiro maníaco-sexual
toca punheta ouvindo Janis Joplin.

moça/pop fode com o mundo
vagina psicotrópica
a lei do VENTRE LIVRE

mais cedo ou mais tarde
ainda prego um tiro de
canhão no ouvido

depois estendam meu corpo
negro como um guarda-chuva
no centro da Avenida Presidente Vargas

as mulheres passarão por cima
os meninos mijarão sobre meu corpo
os homens jogarão cinzas de cigarro

debaixo de mim nascerá
uma cidade
cheia de orixás...

⌣

## pólis I

decúbito dorsal
duas pistolas 765
(uma em cada mão)
cinco rosas negras de pólvora
tatuadas nas costas...

◂

## pólis II

a mão rápida do pivete agarrou a bolsa da velha
a velha teve um troço & caiu babando na rua
rápido o pivete atravessou a Avenida Rio Branco
duas horas depois o rabecão veio buscar a velha
o sol brilhava insistentemente sobre a metrópole...

## pólis III

depoimento do urbanoide:

> — depois Q inventaram o metrô nesta
> capital, acabaram com os tatus
> com o mangue & com os undergrounds
> mas os pássaros também cantam na
> periferia...

minha avó não sabe Q esse silêncio Q espreita nossas
presenças recua ao mistério dos passos da Guarda Civil
Espanhola
minha cabeça pende para o lado a veia exposta ao
dente invisível Q morde vorazmente meus segredos o
sangue tinge os tapetes corre por debaixo das portas
das escadas ganha o corredor & afoga os Q esperam o
elevador
minha avó traz-me chá & bolachas y os jornais sinto
desejo cabalístico de desvendar a fenda estreita Q une
esse monte de carne & osso cansado & velho y a minha
loucura
minha avó gargalha com ausência de dentes Y eu mais
uma vez descubro em mim o gnomo sem fábulas cor-
rendo pela casa aos berros e bagos balançando procu-
ro em cada canto o beijo da serpente arrependida
(a Guarda Civil Espanhola vasculha nosso porão...)

minha avó se despe sensualmente para ser outra vez possuída pelo cadáver orgulhoso de meu avô morto na Guerra do Paraguai...

## os autores

**ADAUTO DE SOUZA SANTOS** (Ras Adauto) nasceu no Rio de Janeiro, em 1950. Bacharel em letras pela UFRJ, é poeta, roteirista, ator, multimídia e técnico cinematográfico. Publicou, entre outros, *Konfa & marafona II (urbanoide)* (1975), *Antologia folha de rosto* (poesia, 1976), *Ih, botaram fogo no mato* (1992), *Alô, hallo, Caetano* (1994), *O dia em que encontrei Frida Kahlo na rua* (1998) e *A saga de D. Leopoldina do Brasil* (1998).

**AFONSO HENRIQUES NETO** nasceu em Belo Horizonte, em 1944. Bacharel em direito pela Universidade de Brasília em 1966, é professor do Instituto de Artes e Comunicação Social da UFF desde 1976. Publicou *O misterioso ladrão de Tenerife* (com Eudoro Augusto, 1972), *Restos & estrelas & fraturas* (1975), *Ossos do paraíso* (1981), *Tudo nenhum* (1985), *Avenida Eros* (1992), *Piano mudo* (1992), *Abismo com violinos* (1995), *Eles devem ter visto o caos* (1998), *Ser infinitas palavras* (2001), *Cidade vertigem* (2005), *Uma cerveja no dilúvio* (2011), *A outra morte de Alberto Caeiro* (2015) e *Cantar de labirinto* (2018).

**ANA CRISTINA CESAR** nasceu no Rio de Janeiro, em 1952. Formou-se em letras pela PUC-Rio e fez mestrado em comunicação pela UFRJ e em teoria e prática de tradução literária pela Universidade de Essex, na Inglaterra. Foi poeta, jornalista, tradutora e crítica literária. Publicou, entre outros livros, *Cenas de abril* (1979), *Correspondência completa* (1979) e *A teus pés* (1982), este traduzido para espanhol, francês, inglês, italiano e alemão. Sua obra está reunida em *Poética* (2013) e em *Crítica e* *tradução* (2016). Faleceu em 1983, no Rio de Janeiro. Foi a autora homenageada da Flip em 2016.

**ANTONIO CARLOS SECCHIN** nasceu no Rio de Janeiro, em 1952. É professor emérito da UFRJ. Poeta e ensaísta, é autor, entre outros, de *Desdizer* (poemas reunidos, 2017), *Percursos da poesia brasileira, do século XVIII ao XXI* (2018) e *João Cabral de ponta a ponta* (2020). Em 2019 recebeu o Prêmio Cidade do Rio de Janeiro, da Academia Carioca de Letras, pelo conjunto de obra. Desde 2004 ocupa a cadeira 19 da Academia Brasileira de Letras.

**BERNARDO VILHENA** nasceu no Rio de Janeiro, em 1949. Foi fundador e editor da revista *Malasartes* e um dos editores do *Almanaque Biotônico Vitalidade*, do coletivo Nuvem Cigana, e da revista *O Carioca*. Nos anos 1980 produziu e compôs vários discos de MPB, tendo mais de 250 músicas gravadas. Publicou *Vida bandida e outras vidas* (2014), que reúne seus poemas desde 1970 até 2014.

**CACASO** (Antônio Carlos de Brito) nasceu no Rio de Janeiro, em 1944. Formado em filosofia, escreveu poesia e letras de música e foi professor na PUC-Rio. Publicou *A palavra cerzida* (1967), *Grupo escolar* (1975), *Segunda classe* (1975), *Beijo na boca* (1975), *Mar de mineiro* (1982), *Em ensaio* (1996) e *Não quero prosa* (1997). Sua obra poética foi reunida em *Lero-lero* (2002) e em *Poesia completa* (2020). Faleceu em 1987, no Rio de Janeiro.

**CHACAL** (Ricardo de Carvalho Duarte) nasceu no Rio de Janeiro, em 1951. É poeta, compositor e escritor. Em 1996 foi editor da revista literária *O Carioca* e, ao lado de Guilherme Zarvos, fundou o centro de experimentação poética CEP 20.000. Publicou, entre outros, *Muito prazer, Ricardo* (1971), *Preço da passa-*

*gem* (1972), *América* (1975), *Drops de abril* (1983), *Comício de tudo* (1986), *Letra elétrika* (1994), *Belvedere* (2007) e *Uma história à margem* (2010). Sua obra completa foi organizada em *Tudo (e mais um pouco): Poesia reunida (1971-2016)* (2016).

**CHARLES** (Carlos Ronald de Carvalho) nasceu no Rio de Janeiro, em 1948. Foi um dos fundadores do coletivo Nuvem Cigana e um dos editores do *Almanaque Biotônico Vitalidade*. Publicou *Travessa Bertalha 11* (1972), *Creme de lua* (1975), *Perpétuo socorro* (1976), *Coração de cavalo* (1979), *Marmota platônica* (1985) e *Sessentopeia* (2011), que reúne toda sua produção desde 1985. Entre 1983 e 2017, atuou como roteirista da TV Globo, participando de programas como *Armação Ilimitada* e *Malhação* e da minissérie *Incidente em Antares*.

**EUDORO AUGUSTO** nasceu em Lisboa, Portugal, em 1943, e foi naturalizado brasileiro em 1953. Entre 1992 e 1995, foi produtor e programador musical na Rádio Cultura FM do Brasil. Trabalhou também na UNB, na Funarte e na Rádio Cultura e foi diretor da programação musical da Rádio Câmara. Publicou, entre outros, *O misterioso ladrão de Tenerife* (com Afonso Henriques Neto, 1972), *A vida alheia* (1975) e *Olhos de bandido* (2001).

**FLÁVIO AGUIAR** nasceu em Porto Alegre, em 1947. Foi professor de literatura brasileira na USP de 1973 a 2006. Atualmente vive em Berlim, onde é correspondente para publicações brasileiras. É autor de livros de crítica literária, ficção e poesia, entre eles *Sol* (1972), *Outros poemas* (1997), *Anita* (1999) e *Crônicas do mundo ao revés* (2011). É colunista do Blog da Boitempo e da Carta Maior.

**FRANCISCO ALVIM** nasceu em Araxá, Minas Gerais, em 1938. É poeta e diplomata. Ganhou o prêmio Jabuti de poesia duas vezes, com *Passatempo e outros poemas* em 1982 e *Poesias reunidas (1968-1988)* em 1989. Recebeu em 1973 o prêmio Paula Brito, concedido pela Prefeitura do Rio de Janeiro, e o APCA em 2011. Entre seus livros publicados estão *Sol dos cegos* (1968), *Passatempo* (1974), *Dia sim dia não* (com Eudoro Augusto, 1978), *Lago, montanha* (1981), *Festa* (1981), *Elefante* (2000), *Poemas [1968-2000]* (2004) e *O metro nenhum* (2011).

**GERALDO CARNEIRO** nasceu em Belo Horizonte, em 1952. Autor de peças de teatro, é letrista, tradutor, roteirista de cinema e televisão. Entre seus livros publicados estão *Verão vagabundo* (1980), *Piquenique em Xanadu* (1988), *Pandemônio* (1993), *Folias metafísicas* (1995), *Leblon: A crônica dos anos loucos* (1996), *Balada do impostor* (2006) e *Poemas reunidos* (2010). Ocupa a cadeira 24 da Academia Brasileira de Letras desde 2016.

**ISABEL CÂMARA** nasceu em Três Corações, Minas Gerais, em 1940. Foi escritora, poeta, dramaturga e atriz. Seu trabalho mais conhecido, a peça *As moças* (1969), rendeu-lhe o prêmio Molière, de 1971, na categoria de melhor autora. Publicou também *Coisas coió* (1998). Faleceu em 2006, em Goiânia.

**JOÃO CARLOS PÁDUA** nasceu no Rio de Janeiro, em 1950. Estudou letras na PUC-Rio. Foi poeta e letrista, autor de parcerias com Danilo Caymmi, João Donato, Nando Carneiro, Egberto Gismonti e Jaques Morelenbaum. Publicou *Motor* (1974) e *Paisagem urbana* (1979). Faleceu em 2009, no Rio de Janeiro.

**JOSÉ CARLOS CAPINAN** nasceu em Esplanada, Bahia, em 1941. Formado em medicina, é compositor, poeta, jornalista, roteirista e letrista de canções como "Soy loco por ti, América", "Viramundo", "Ponteio", "Miserere nobis" e "Gotham City", algumas em parceria com Gilberto Gil e Geraldo Azevedo. Foi secretário da Cultura da Bahia em 1986. Entre seus livros publicados estão *Inquisitorial* (1966); *Ciclo de navegação, Bahia e gente* (1975); *Confissões de Narciso* (1986); *Terra à vista* (1995); *Nas terras do sem fim* (1996) e *Balança mas Hai-Kai* (1996).

**LEILA MÍCCOLIS** nasceu no Rio de Janeiro, em 1947. É poeta, romancista, teatróloga, ensaísta, roteirista de cinema e coautora de novelas de TV, como *Kananga do Japão, Barriga de Aluguel* e *Mandacaru*. Tem mestrado, doutorado e pós-doutorado em teoria literária na UFRJ. Sua obra foi publicada na França, no México, nos Estados Unidos e em Portugal. *Desfamiliares* (2013) reúne toda a sua produção de poesia de 1965 a 2012.

**LEOMAR FRÓES** nasceu em Itaperuna, Rio de Janeiro, em 1937. Foi jornalista de formação e profissão. Publicou *Plurais* (1968), *Cassino Atlântico* (1968), *Um rapaz de Cascadura* (1972) e *Boca rica com pobres dentes de sangue* (1974). Faleceu em 2017, no Rio de Janeiro.

**LUIS OLAVO FONTES** nasceu no Rio de Janeiro, em 1952. Formado em economia pela PUC-Rio, é escritor, poeta, tradutor e roteirista de cinema. Publicou *Último tapa* (1971), *Prato feito* (1974), *Segunda classe* (com Cacaso, 1975), *Papéis de viagem* (1976), *Tudo pelos ares* (1979), *Pelas barbas do profeta* (1984), *Tupis, rubis & abacaxis* (1987), *Ócio do ofício* (1993), *Viajante* (2003), *Colar de coral* (2007), *Livro do príncipe* (2007), *Novelas de guerra* (2009), *A passagem do cometa* (2013), *Entrementes* (2018) e *A pé até o Tibet* (2020).

**RICARDO G. RAMOS** (Ricardo Gramos) nasceu no Rio de Janeiro, em 1942. Lançou *Comun y cativo* (1973), *Estado de coisas* (1975) e *Sopa de sapato* (1981), além de livros infantis. Sua obra foi publicada no Brasil, em Portugal e nos Estados Unidos.

**ROBERTO PIVA** nasceu em São Paulo, em 1937. Foi professor da rede pública de ensino e colaborador em vários jornais da imprensa alternativa. Publicou *Paranoia* (1963), *Piazzas* (1964), *Coxas* (1979), *20 poemas com brócoli* (1981), *Quizumba* (1983), *Antologia poética* (1985). Sua poesia completa foi reunida em *Estranhos sinais de Saturno* (2004), *Um estrangeiro na legião* (2012) e *Mala na mão & asas pretas* (2012), publicados pelo selo Biblioteca Azul, com organização de Alcir Pécora. Faleceu em 2010, em São Paulo.

**ROBERTO SCHWARZ** nasceu em Viena, Áustria, em 1938. Licenciado em ciências sociais pela USP, fez pós-graduação e mestrado em literatura comparada nos Estados Unidos e doutorado na França, em 1976. Foi professor de literatura brasileira na USP e na Unicamp. Entre seus livros publicados estão *Ao vencedor as batatas* (1977), *A lata de lixo da história* (1977), *Que horas são?* (1987), *Um mestre na periferia do capitalismo* (1990) e *Duas meninas* (1997). É um dos principais críticos da literatura brasileira.

**TORQUATO NETO** nasceu em Teresina, em 1944. Foi repórter e letrista e assinava a coluna "Geleia geral" no *Última Hora*. É compositor de diversas músicas com nomes como Gilberto Gil e Caetano Veloso. Morreu no Rio de Janeiro, em 1972. No ano seguinte foi lançada *Os últimos dias de paupéria*, obra póstuma organizada por Ana Maria Duarte, sua mulher, e Waly Salomão. Toda a sua produção seria reunida em *Torquatália*, com organização de Paulo Roberto Pires (2004).

**VERA PEDROSA** nasceu no Rio de Janeiro, em 1936. Formou-se em filosofia pela Universidade Nacional de Filosofia, da então Universidade do Brasil. É poeta, crítica de arte e diplomata. Publicou *Poemas* (1964), *Perspectiva naturalis* (1978), *De onde voltamos o rio desce* (1979) e *A árvore aquela* (2015).

**WALY SAILORMOON** (Waly Salomão) nasceu em Jequié, Bahia, em 1943. Foi editor da publicação *Navilouca*, ao lado de Torquato Neto, em 1974. Foi parceiro musical de Caetano Veloso, Gilberto Gil, Jards Macalé, João Bosco, Lulu Santos, Adriana Calcanhotto, entre outros. Publicou *Me segura qu'eu vou dar um troço* (1972), *Gigolô de bibelô* (1983), *Armarinho de miudezas* (1993), *Algaravias* (vencedor dos prêmios da Biblioteca Nacional e Jabuti, 1996), *Hélio Oiticica: qual é o parangolé?* (1996), *Lábia* (1998), *Tarifa de embarque* (2000), entre outros. Faleceu em 2003, no Rio de Janeiro. Sua poesia completa foi reunida em *Poesia total* (2014).

**ZUCA SARDAN** nasceu no Rio de Janeiro, em 1933. É poeta, escritor, desenhista e diplomata. "Escreve com pena de urutau. Ostenta várias medalhas. Perdeu grande parte das obras numa mala de crocodilo que fugiu e mergulhou na Lagoa." Entre seus livros publicados estão *Cadeira de bronze* (1957), *Aqueles papéis* (1975), *Visões do bardo* (1980), *Osso do coração* (1993), *Ás de colete* (1994), *Babylon* (2004) e *Ximerix* (2013).

**ZULMIRA RIBEIRO TAVARES** nasceu em São Paulo, em 1930. Contista, romancista e poeta, foi vencedora da categoria revelação em literatura do prêmio APCA com *Termos de comparação* (1974), do prêmio Mercedes-Benz de Literatura com *O nome do bispo* (1985) e do prêmio Jabuti com o romance *Joias de família* (1990). Entre seus livros publicados estão *O japonês dos olhos redondos* (1982), *O mandril* (1988), *Café pequeno* (1995) e *Região* (2012).

TIPOGRAFIA Wigrum

DIAGRAMAÇÃO acomte

PAPEL Pólen Bold

IMPRESSÃO Gráfica Bartira, maio de 2025

A marca FSC® é a garantia de que a madeira utilizada na fabricação do papel deste livro provém de florestas que foram gerenciadas de maneira ambientalmente correta, socialmente justa e economicamente viável, além de outras fontes de origem controlada.